O PAPEL DO JORNAL
E A PROFISSÃO
DE JORNALISTA

....

Dados Internacionais de Catalogação na Publicação (CIP)
(Câmara Brasileira do Livro, SP, Brasil)

Dines, Alberto
 O papel do jornal : e a profissão de jornalista / Alberto Dines ; atualização e pesquisa Luiz Antonio Magalhães. — 9. ed. — São Paulo : Summus, 2009.

 ISBN 978-85-323-0653-1

 1. Comunicação 2. Jornalismo 3. Jornalismo como profissão 4. Comunicação de massa I. Magalhães, Luiz Antonio. II. Título.

	CDD-070
09-10611	-079

Índice para catálogo sistemático:

1. Jornais e jornalismo   070
2. Jornalismo   079

Compre em lugar de fotocopiar.
Cada real que você dá por um livro recompensa seus autores
e os convida a produzir mais sobre o tema;
incentiva seus editores a encomendar, traduzir e publicar
outras obras sobre o assunto;
e paga aos livreiros por estocar e levar até você livros
para a sua informação e o seu entretenimento.
Cada real que você dá pela fotocópia não autorizada de um livro
financia um crime
e ajuda a matar a produção intelectual em todo o mundo.

O PAPEL DO JORNAL
E A PROFISSÃO
DE JORNALISTA

Alberto Dines

Atualização e pesquisa:
Luiz Antonio Magalhães

summus editorial

O PAPEL DO JORNAL E A PROFISSÃO DE JORNALISTA
Copyright © 2009 by Alberto Dines
Direitos desta edição reservados para Summus Editorial

Editora executiva: **Soraia Bini Cury**
Editoras assistentes: **Andressa Bezerra e Bibiana Leme**
Atualização e pesquisa: **Luiz Antonio Magalhães**
Capa: **Hélio de Almeida**
Projeto gráfico e diagramação: **Acqua Estúdio Gráfico**
Impressão: **Sumago Gráfica Editorial Ltda.**

1ª edição: **Rio de Janeiro, Artenova, 1974**
2ª edição: **Rio de Janeiro, Artenova, 1974**
3ª edição: **Rio de Janeiro, Artenova, s.d.**
4ª edição: **São Paulo, Summus, 1986**
5ª edição: **São Paulo, Summus, 1988**
6ª edição: **São Paulo, Summus, 1996**
7ª edição: **São Paulo, Summus, 2001**
8ª edição: **São Paulo, Summus, 2004**

Summus Editorial
Departamento editorial:
Rua Itapicuru, 613 – 7º andar
05006-000 – São Paulo – SP
Fone: (11) 3872-3322
Fax: (11) 3872-7476
http://www.summus.com.br
e-mail: summus@summus.com.br

Atendimento ao consumidor:
Summus Editorial
Fone: (11) 3865-9890

Vendas por atacado:
Fone: (11) 3873-8638
Fax: (11) 3873-7085
e-mail: vendas@summus.com.br

Impresso no Brasil

"As ideias complexas estão construídas sobre ideias muito simples. Estas são o resultado de impressões, frutos das nossas experiências."

David Hume (1711-1776)

Sumário

Homenagem, 11

Um posfácio no lugar de prefácio, 15

A questão do ponto final (Prefácio à 6ª edição), 27

Da bobina à lauda em branco, a busca de circunstâncias (Prefácio à 4ª edição), 29

Apresentação (José Marques de Melo), 37

Lide, 43

1. PARAR AS ROTATIVAS?, 49
   Da utilidade das crises • a crise do consumo • a origem da carência do papel de imprensa • situação conjuntural ou permanente? • reavaliação de valores e preços • talento para um novo jornal

2. UM FUTURO SEM CHOQUES, 59
   Os movimentos cíclicos e pendulares dos processos humanos • as novas tecnologias e a acomodação das velhas • o processo da comunicação movimenta-se como um todo • a viabilidade das utopias

3. EM BUSCA DO TEMPO CONTROLADO, 63
   Tempo e espaço como obstáculos ao homem • classificação dos veículos de acordo com as dimensões temporais e espaciais • a estrutura temporal dos veículos periódicos • os compromissos com a estabilidade

4. O LEITOR, PRINCÍPIO E FIM, 73
   Jornalista é leitor • leitor-padrão • os universos individuais • homem e massa • universo coletivo • universo dentro de uma redação • estrutura de uma equipe

5. COMUNICAR E ENGAJAR-SE, O SENTIDO DAS PALAVRAS, 79
   A busca etimológica • *communis* e *informatio* • o caráter social da comunicação • motivação • a entrevista • jornalismo *partisan* e engajamento • os assuntos proibidos • independência • a "linha" e o elemento-surpresa

6. COMPETIÇÃO E PERENIDADE, 85
   Televisão *versus* jornais • a complementação da veiculação • a retenção obtida por um veículo • princípio geral dos efeitos (Berelson) • os canais e as faculdades humanas • a comunicação e a necessidade • as três revoluções na comunicação • a TV e o renascimento do jornal diário • a aproximação com as revistas • coordenação de material • jornalismo de apoio (pesquisa) • seletividade • os efeitos da melhoria dos jornais nas revistas ilustradas • crise no mercado • as consequências no setor do livro

7. A CRISE DO PAPEL E O PAPEL DOS JORNAIS, 97
   Características do jornal diário • as tendências para a TV e o rádio • telejornalismo • rádio ambiental • sistemas fechados de TV • caminho para as revistas: a especialização • novos tipos de jornal • os três "Es" para o jornal diário

8. NOVO JORNALISMO OU JORNALISMO RENOVADO?, 107
   O noticiário do jornal a partir do telejornalismo • o jornalismo interpretativo e investigativo • a "nota oficial" e as acomodações • o depoimento pessoal • distorções do *lado humano* • jornalismo quantitativo e o "furo" • a transcendência do noticiário e os vazios usados para nova veiculação • os serviços • o questionamento para um novo jornal

9. A FOICE E O BURIL, 117

Compactação e renovação • novos padrões visuais • a mecânica do olho • novos formatos • novos módulos de coluna • corpo tipográfico • recursos gráficos • dupla leitura • a divisão em cadernos • a participação da leitora no primeiro caderno • a quantidade da impressão • cor

10. UM DILEMA QUE NÃO EXISTE, 125

A pendência imprensa *versus* empresa • o papel do jornalista-empresário para dirimir a questão • as pressões e a independência • a instituição • compromissos da imprensa como empresa privada • o caráter intelectual do produto impresso • a organização interna de um jornal eclético • o papel do editor-chefe • a revolta dos redatores na França • o jornalista como centro do processo da empresa jornalística • a burocracia e o "contabilismo"

11. PRECISA-SE: GENTE IGUAL COM DISPOSIÇÃO DIFERENTE, 135

O que é o jornalista • os componentes objetivos e subjetivos da profissão • responsabilidade • códigos de ética • a colaboração e o entrosamento com os demais setores

12. A ESTRUTURA DA COLMEIA, 143

As lições da etologia • a importância do zum-zum na colmeia de abelhas: o que é progresso (Schramm) • a febre da comunicação no Brasil • acertos e desacertos; matéria paga e louvação de feitos • despreocupação governamental com a infraestrutura das indústrias de comunicação • papel outra vez • o estrangulamento da distribuição • o papel pioneiro e sufocador da banca • o *feedback* da comunicação • a Cortina de Ferro furada: Soljenítsin • o boato e a informação • a censura • a fragilidade do sistema • números e estatísticas • a crise do papel e a função do jornal

ADENDOS, 155

Temas para desenvolver, 156

O jornalismo na Era do Cruzado e a cruzada contra o diploma de jornalista (Apêndice à 5ª edição), 162

Sobre a profissão de jornalista, 173

Homenagem

....

O fac-símile apresentado a seguir corresponde ao primeiro texto da primeira edição do primeiro periódico a circular no Brasil. Primeira reflexão sobre jornalismo composta em língua portuguesa, preito a uma função então inexistente e sequer batizada, profissão de fé num agente público que nos duzentos anos seguintes será gradualmente transformado no protagonista dos momentos mais importantes da história do país.

A Introdução à edição de junho de 1808 do *Correio Braziliense*, redigida por Hipólito da Costa, é uma peça rigorosamente contemporânea, a despeito do arcaísmo do fraseado. Inequívoca e profética, por isso revolucionária. Ao propor um *status* definido, inspirado nos paradigmas iluministas, àqueles que no futuro serão designados jornalistas, o patriarca da nossa imprensa oferece aos céticos e perplexos de hoje a solução para suas angústias e seu pessimismo no tocante ao futuro da imprensa.

A pedra fundamental do jornalismo brasileiro contém apenas 62 linhas, cerca de 620 palavras. Ao redigi-las o autor pressentia talvez a sua importância: estava em Londres, sabia que a corte portuguesa se refugiara no Brasil, tinha a certeza de que a breve apresentação da sua *folha pública* (ou *jornal político*, como também o designou) teria leitores privilegiados, capazes de perceber a revolução cultural e política iniciada naquele momento na colônia.

É um compromisso com a função social da imprensa ("O primeiro dever do homem em sociedade é ser útil aos membros dela") e, a um só tempo, a primeira tentativa de examinar criticamente a imprensa ao prometer que o mensário não será o "primeiro despertador da opinião pública nos fatos que excitam a curiosidade dos povos". Pretendia estimular "as melhorias das ciências e das artes", comprometido com a difusão do conhecimento (daí o subtítulo *Armazém Literário*).

Hipólito errou ao identificar como precursor da imprensa em Portugal o *Boletim* impresso por Craesbeck em 1649 (foi a *Gazeta*, de 1641), mas acertou ao prever que o vasto Império do Brasil (cuja independência só ocorreria dentro de catorze anos) seria capaz de rivalizar com as principais potências do mundo desde que não dispensasse "os socorros necessários a um estado independente". Queria dizer que para prosperar o país não poderia resignar-se às trevas impostas pela censura clerical e inquisitorial, como vinha acontecendo há 308 anos.

Cumpriu a promessa de dedicar todas as suas forças ao projeto que iniciava: em outubro de 1822 comenta a independência do Brasil (que ocorrera em junho, posto que o episódio do Ipiranga inexiste para ele), em dezembro avisa que o *Correio* deixará de circular e nove meses depois, em setembro de 1823, morre em Londres aos 49 anos.

CORREIO BRAZILIENSE
DE JUNHO, 1808.

Na quarta parte nova os campos ara,
E se mais mundo houvéra la chegára.
CAMOENS, C. VII. e. 14.

Introducçaõ.

O PRIMEIRO dever do homem em sociedade he ser util aos membros della; e cada um deve, segundo as suas forças Phisicas, ou Moraes, administrar, em beneficio da mesma, os conhecimentos, ou talentos, que a natureza, a arte, ou a educaçaõ lhe prestou. O individuo, que abrange o bem geral d'uma sociedade, vem a ser o membro mais distincto della: as luzes, que elle espalha, tiram das trevas, ou da illuzaõ, aquelles, que a ignorancia precipitou no labyrintho da apathia, da inepcia, e do engano. Ninguem mais util pois do que aquelle que se destina a mostrar, com evidencia, os acontecimentos do presente, e desenvolver as sombras do fucturo. Tal tem sido o trabalho dos redactores das folhas publicas, quando estes, munidos de uma critica saã, e de uma censura adequada, representam os factos do momento, as reflexoens sobre o passado, e as solidas conjecturas sobre o futuro.

Devem-se à Naçaõ Portugueza as primeiras luzes destas obras, que excitam a curiosidade publica. Foi em Lisboa, na imprensa de Craesbeck, em 1649, que este Redactor traçou, com evidencia, debaixo do nome de Boletim os acontecimentos da guerra da acclamaçaõ de D. Joaõ o Quarto. Neste folheto se viam os factos, taes quaes a verdade os devia pintar, e desta obra interessante se valeo, ao depois, o Conde da Ericeira, para escrever a historia da acclamaçaõ com tanta censura, e acertada critica, como fez.

He de admirar que, sendo Nós os primeiros promotores dos jornaes publicos, na Europa, e sendo certo, que estas publicaçoens excitáram tanto o enthusiasmo publico da Naçaõ Portugeza nas guerras da acclamaçaõ, que varios officiaes de officios mechanicos se prestáram voluntariamente a ajudar a trópa nas differentes batalhas de linhas d'Elvas, Ameixial, e Montes Claros, recolhendo-se depois da victoria ao seio das suas familias, e ao seo lavor ordinario, até que uma nova occasiaõ de defeza nacional pedisse outra vez o soccorro das suas armas, para a exterminaçaõ do inimigo commum. Sendo tambem Nós aquella Naçaõ, que comprou a sua liberdade, e independencia com estes jornaes politicos, seremos agora a unica, que se hade achar sem estes soccorros, necessarios a um estado independente o qual poderá algum dia rivalizar, pela sua situaçaõ local, em que a natureza poz o vasto Imperio do Brazil, ás primeiras Potencias do mundo?

Levado destes sentimentos de Patriotismo, e desejando aclarar os meus compatriotas, sobre os factos politicos civis, e literarios da Europa, emprendi este projecto, o qual espero mereça a geral aceitaçaõ daquelles a quem o dedico.

Longe de imitar só, o primeiro despertador da opiniaõ publica nos factos, que excitaõ a curiosidade dos povos, quero, alem disso, traçar as melhorias das Sciencias, das artes, e n'uma palavra de tudo aquillo, que pode ser util á sociedade em geral. Feliz eu se posso transmittir a uma Naçaõ longinqua, e socegada, na lingua, que lhe he mais natural, e conhecida, os acontecimentos desta Parte do mundo, que a confusa ambiçaõ dos homens vai levando ao estado da mais perfeita barbaridade. O meu unico desejo será de acertar na geral opiniaõ de todos, e para o que dedico a esta empreza todas as minhas forças, na persuasaõ de que o fructo do meu trabalho tocará a méta da esperança, a que me propus.

Londres, 1 *de Junho, de* 1808.

Um posfácio no lugar de prefácio

....

A questão, hoje, banalizou-se. A equação jornal-papel tornou-se comezinha, é a mais citada nas sessões de endeusamento das novas tecnologias da informação e geralmente classificada como modelo de arcaísmo.

No final de 1973, as mesmas palavras, *jornal* e *papel*, remetiam à crise do petróleo deflagrada pela Guerra do Iom Quipur: o preço do barril pulou de US$ 3 para US$ 30, fez disparar o custo do transporte e obrigou jornais e revistas brasileiras a racionalizar o consumo do papel de imprensa (quase todo importado).

Papel mais escasso, caro, agravou a preocupação com o futuro do jornal impresso. O jornalismo de qualidade estava ameaçado pelos avanços do telejornalismo, sempre favorecido pela adoção de novas tecnologias (uso de satélites, transmissão em cores, equipamentos portáteis). Para sobreviver aos novos tempos e às novas pressões, tornou-se imperioso reforçar os atributos de um veículo informativo cuja história remontava às *Atas Diurnas* (*Actae Diurnae*) da Roma imperial.

Ao contrário do que viria a acontecer nas décadas seguintes, a mídia não se discutia, não se expunha, sequer mirava-se no espelho. Transparência era um conceito desconhecido, e a transparência aplicada ao negócio jornalístico, tabu. Ou quimera. O único veículo brasileiro em que seria possível desenvolver algo semelhante a um debate a respeito da crise do papel acabara de ser extinto. Os "Cadernos de Jornalismo e Comunicação", editados desde 1965, foram liquidados no momento em que fui demitido "por indisciplina" do cargo de editor-chefe do *Jornal do Brasil*, que ocupei ao longo de quase doze anos[1].

A edição de dezembro de 1973, pronta para ser rodada, foi desmanchada. Continha um artigo intitulado "A crise do papel e o papel dos jornais", em que eu pretendia conclamar o empresariado jornalístico – inclusive o do *JB* – para resistir à tentação de podar drasticamente o número de páginas e manter os compromissos como um serviço público essencial.

Avanços substantivos nas tecnologias de impressão seriam insuficientes para garantir um salto qualitativo e o aumento de audiência ou do poder de influência da mídia impressa. Sua "vantagem competitiva" resumia-se a uma palavra: qualidade.

O caso Watergate o comprovava, mas enquanto se desenrolava e produzia aquela formidável sucessão de manchetes, poucos prestaram atenção no fato de que não se trata apenas de derrubar um presidente amoral. A cruzada do *Washington Post* contra Richard Nixon reavivou o conceito "romântico" do jornalismo verdadeiramente investigativo, de rua, a serviço do cidadão. Watergate era, sobretudo, uma alternativa à mídia televisiva, então depositária da infinita capacidade americana para inovações tecnológicas.[2]

Não era uma quixotada, mas uma opção doutrinária e mercadológica: antes, em 1965, quando se anunciou o início das operações da TV Globo (então apoiada pelo grupo Time-Life), preparei um longo memorando interno, dirigido aos editores do *JB*, sugerindo a adoção de uma estratégia capaz de contrapor-se ao novo estágio do telejornalismo brasileiro, estágio este que a TV Tupi e os *Diários Associados* de Assis Chateaubriand não conseguiram alcançar.

Com o apoio da direção da empresa, tentei mobilizar a redação para a produção de matérias analíticas, "redondas" e contextualizadas. Contratamos mais repórteres especiais com dedicação integral, reforçamos o orçamento do Departamento de Pesquisa, tornamos rotineiros os seus excelentes textos de apoio e

---

1. O período vai de 6 de janeiro de 1962 a 6 de dezembro de 1973, totalizando onze anos e onze meses.
2. O caso Watergate foi um escândalo político ocorrido na década de 1970 nos Estados Unidos, que culminou com a renúncia do então presidente Richard Nixon, eleito pelo Partido Republicano. Bob Woodward e Carl Bernstein, repórteres do *Washington Post*, investigaram o assalto à sede do Comitê Nacional Democrata, no Complexo Watergate, em Washington, e conseguiram estabelecer as ligações entre a Casa Branca e o assalto ao edifício. Eles foram informados por uma pessoa conhecida apenas por "Garganta Profunda" (Deep Throat), que revelou que o presidente sabia das operações ilegais. A identidade desse informante só veio a público em 31 de maio de 2005: era o ex-vice-presidente do FBI W. Mark Felt. Bob Woodward e Carl Bernstein confirmaram o fato.

obtivemos da direção da empresa um substancial aumento no espaço dedicado ao noticiário – e não apenas no primeiro caderno, mas também no "Caderno B", destinado a cultura e espetáculos. O investimento em papel e em qualidade foi altamente compensador: o jornal ganhou em audiência e influência justamente no momento em que surgia no espectro midiático um concorrente de peso.

A crise do petróleo-papel, no caso brasileiro, não se resumia à esfera econômica; seu contrapeso político era considerável: o regime militar, instalado havia quase uma década, montara um eficiente aparelho repressor com base na censura e, principalmente, na autocensura. Aos militares não interessava a criação de uma nova consciência profissional. Ao contrário, quanto piores fossem os jornais, mais adequados seriam, tornando-se menos confiáveis e mais descartáveis. Por isso, a resposta ao controle político da imprensa – além da resistência e da persistência – incluía o esmero profissional e um incansável aprimoramento da qualidade jornalística. Jornais melhores, iluministas, poderiam ser a melhor resposta ao obscurantismo.

Porém, com menos papel, como? Com orçamentos drasticamente reduzidos para compensar o aumento astronômico do preço do papel, como investir em qualidade editorial? Embora naquela época as empresas jornalísticas brasileiras não mantivessem nenhum vínculo ou comunicação entre elas, suas estratégias eram assemelhadas – comprar novas máquinas e construir imóveis suntuosos para abrigá-las. A qualidade do produto seria mera decorrência da modernização industrial.

Eu propunha aumentar o preço do exemplar para manter a qualidade, confiava na fidelidade do leitor qualificado, acreditava que anunciantes e agências de publicidade estariam dispostos a participar da qualificação da sociedade, processo do qual seriam os maiores beneficiários.

Descobri, naquele momento, que os empresários têm amor às suas empresas e não necessariamente aos produtos que manufaturam. Eventualmente fascinam-se com o poder de decidir questões tão relevantes, porém se cansam com extrema facilidade diante da complexidade da operação cotidiana. Apesar de ainda não formulada, a expressão "modelo de negócios" já era uma realidade: os *publishers* de jornais e revistas, com raríssimas exceções, não estavam interessados em articular um projeto de longo prazo.

Procuravam saídas imediatas. Não se importavam em endividar-se – o então ministro da Fazenda, Antônio Delfim Netto, era muito generoso em empréstimos em moeda estrangeira por meio da "Operação 63". Para um governo autoritário, era conveniente ter os grandes jornais com pires na mão, pois seriam menos exigentes nas cobranças e pressões.

A "indisciplina" pela qual fui punido abrangia diferentes situações (parcialmente reveladas no livro de depoimentos *Eles mudaram a imprensa*[3]). Eu representava problemas em outra esfera: o grupo *JB* empenhava-se em ingressar na era televisiva graças às duas concessões de TV recebidas ainda no governo Médici, que deveriam ser preservadas a todo custo no mandato do sucessor, Ernesto Geisel, ainda não empossado. Preocupado em preservar a profissão, não me dei conta de que certas jogadas políticas do jornal haviam irritado o presidente eleito. Alguém deveria ser punido – eu incomodava mais.

O único jornal que ousou acompanhar a reviravolta no *JB* foi o *Tribuna da Imprensa*, em candentes comentários de Hélio Fernandes e Paulo Francis. *O Globo*, por determinação do seu então presidente, Roberto Marinho, publicou uma galante nota redigida por Evandro Carlos de Andrade para reparar o perverso laconismo do *JB* ao comunicar o meu afastamento.

Num passe de mágica, fecharam-se as portas do mercado de trabalho. Restou-me uma opção: continuar jornalista por outros meios. Escrever um livro, compartilhar com os estudantes, jovens ou veteranos profissionais, e mesmo com executivos de empresas jornalísticas, o saldo da esplêndida experiência vivida no *JB*. Era imperioso quebrar o gelo, iniciar um debate ou, pelo menos, oferecer uma argumentação capaz de impedir o haraquiri coletivo caso se consumasse a política de cortar papel e abdicar da qualidade.

Álvaro Pacheco[4], poeta, ex-copidesque do *JB*, convertido em próspero editor de livros, embora ligado ao grupo que assumiu o comando do jornal, ofereceu-se para editar o livro – desde que fosse uma obra "técnica", profissional, sem intenção ou entonação política.

Publicado em março de 1974 (três meses depois do meu afastamento do *JB*), foi reeditado dois meses depois.[5] Além do subtítulo da capa (*Tendências da comunicação e do jornalismo no mundo em crise*), nove destaques na contracapa:

---

3. Obra organizada por Alzira Abreu, Fernando Lattman-Weltman e Dora Rocha. São Paulo, Editora FGV, 2003.
4. O piauiense Álvaro Pacheco (1933) exerceu o jornalismo no Maranhão e no Rio de Janeiro. Poeta prolífico, editou sete livros em dez anos. No início da década de 1970, montou a Editora Artenova, que tinha entre os seus contratados nomes expressivos como Clarice Lispector (também demitida do *JB* no mesmo episódio da minha saída). Suplente do senador Hugo Napoleão, o editor Pacheco exerceu o mandato em duas ocasiões. Muito ligado a José Sarney, foi seu assessor especial quando este ocupou a presidência da República. No final da década de 1980, a Artenova foi transformada em empresa cinematográfica.
5. Na 1ª edição está consignada a data de publicação; na 2ª faltou o registro, mas foi certamente publicada antes de agosto de 1974, quando fui contratado pela Universidade de Colúmbia (Nova York) como professor visitante da sua escola de jornalismo.

- As rotativas não podem parar: a crise do papel de imprensa pode tornar nossos jornais e revistas cada vez melhores.
- Quem vai ganhar a disputa: jornal ou TV?
- Jornalismo renovado é melhor do que um novo jornalismo.
- Jornal apertado ou jornal de melhor qualidade?
- O dilema jornal contra empresa não existe.
- A revolta dos redatores da Europa.
- Um pequeno jornal pode ser um grande jornal.
- O que é um jornalista?
- As relações governo e imprensa: como foram e como podem ser.

Não escrevi o livro político que tanto preocupava o editor, mas ali estava um manifesto em defesa do jornalismo impresso e dos compromissos embutidos em sua longa história.

Dois anos depois, o livro renascia em outro formato: terminado o contrato como professor visitante da Universidade de Colúmbia (Nova York), fui convidado pelo grande Cláudio Abramo, em nome do *publisher* da *Folha de S.Paulo*, Octávio Frias de Oliveira, a assumir a chefia da sucursal no Rio de Janeiro, assinar uma coluna diária de comentários políticos e ajudá-los no desafio de fazer da *Folha* um jornal de opinião.

Abramo já aceitara meu oferecimento para escrever uma coluna semanal de *media criticism* (crítica à imprensa, que começou a florescer nos Estados Unidos em função do caso Watergate). Frias, mais prudente, tentou dissuadir-me ("você só vai arranjar inimigos"); insisti, ele concordou. Assim nasceu o "Jornal dos Jornais", publicado aos domingos ao longo de dois anos (1975-1977) e substituído em 1980 pelo "Jornal da Cesta", no *Pasquim*.

Depois da 3ª edição, considerei encerrada a vida de *O papel do jornal*. O professor José Marques de Melo convenceu-me, porém, a reeditá-lo. O pretexto surgiu em 1985, quando intensificou-se a cruzada patrocinada pelo empresariado para acabar com a obrigatoriedade do diploma de jornalista para o exercício da profissão.

O ensino do jornalismo nas universidades brasileiras era efetivamente precário, tanto que a Editora Abril encarregou-me de organizar o primeiro programa de aperfeiçoamento voltado para os recém-formados. Mas a intensa campanha promovida pelo empresariado escancarava uma orquestração suspeita. Não era correto que empresas de comunicação utilizassem em seu benefício os poderes conferidos pela Constituição contra os interesses dos jornalistas, teoricamente habilitados aos mesmos privilégios.

A fracassada greve dos jornalistas em 1979 desencadeou uma série de ações internas e externas (entre elas a criação da Associação Nacional dos Jornais, ANJ) destinadas a depurar as redações do espírito pré-1964. Os profissionais mais velhos foram gradualmente dispensados; estimulou-se a juvenilização das redações enquanto badalavam-se novos paradigmas de modernidade personificados no *USA Today*, depauperada combinação de TV em cores com jornalismo raso.

As *démarches* para discutir o projeto da nova Carta Magna acenderam a luz verde para a ofensiva contra o diploma. Com o artificioso pretexto da desregulamentação integral da atividade jornalística e a justificativa de prepará-la para a plena redemocratização, entregaram-se todos à tarefa de liquidar com o inimigo número um da liberdade de expressão: o diploma. A liberdade de expressão fora pisoteada ao longo de 21 anos consecutivos sem que tivesse sido esboçada nenhuma resposta coletiva.

Onze anos antes, na crise do petróleo, pretendeu-se podar os jornais em vez de energizá-los para enfrentar os ilimitados recursos pirotécnicos da TV. Em 1985, antes mesmo da escolha da Assembleia Constituinte, armava-se um rolo compressor para convencer a sociedade de que jornalismo não era uma profissão, mas um emprego, e a imprensa, apenas um negócio.

A 4ª edição de *O papel do jornal* (1986) foi apresentada como releitura e acrescida de uma apresentação de Marques de Melo, novo prefácio, rodapés atualizadores e um apêndice sobre a questão do diploma. A 5ª edição (1988) nada alterou.

Diante da inevitabilidade da 6ª edição (1996) e do lapso de 22 anos transcorrido desde o seu lançamento, sugeri ao editor Raul Wassermann que interrompesse a publicação. A veloz alteração das circunstâncias tanto tecnológicas como sociais e políticas exigiam um novo livro; este parecia datado. A resposta do engenheiro-editor foi curta: "Quem decide o fim de um livro não é o autor nem o editor, é o leitor. Enquanto houver gente interessada em comprar uma obra, é nossa obrigação mantê-la no catálogo".

A resposta serviu-me de mote para um novo prefácio a respeito da relatividade do ponto final. Na condição de biógrafo, já concluíra que nenhuma biografia é definitiva, todas são obras em construção, sempre inacabadas. No caso deste livro, como num sítio arqueológico, as diferentes camadas atualizadoras, superpostas, funcionariam como a tomografia de um processo histórico.

Esta 9ª edição impõe uma versão revisada, ampliada e consolidada. Os 35 anos de vida deste texto ganham certa relevância porque a eles somaram-se alguns dramáticos desfechos do processo do qual foi testemunha involuntária.

A decisão do Supremo Tribunal Federal de extinguir a obrigatoriedade do diploma para o exercício do jornalismo e a surpreendente constatação de que não se trata de uma profissão específica e regulamentável interrompeu o debate na esfera judicial, mas não o encerra. Ao contrário, só o exacerba diante das injustiças e da flagrante leviandade contidas no relatório aprovado pela maioria dos ministros.[6]

O primeiro registro a respeito de uma profissão semelhante ao jornalismo foi consignado há cerca de dois mil anos no Senado romano e designava como *diurnalii* (diaristas, jornaleiros) os redatores das *Actae Diurnae* – primeiro veículo noticioso regular de que se tem notícia.[7] Em 1690, o médico-teólogo alemão Tobias Paucer teve aprovada na Universidade de Leipzig sua tese de doutoramento, *De relationibus novellis*, sobre os relatos jornalísticos; na realidade, o primeiro esboço para uma teoria do jornalismo.[8]

Em junho de 1808, Hipólito da Costa, o patriarca da imprensa brasileira, no texto inicial da 1ª edição do seu *Correio Braziliense*, menciona os *redactores das folhas públicas* como cidadãos que exercem destacadas tarefas na sociedade.

Nada disso foi levado em consideração: o Ministério Público Federal e o Sindicato das Empresas de Rádio e TV do Estado de São Paulo, que iniciaram a ação para a derrubada do diploma, assim como o presidente da Suprema Corte, ministro Gilmar Mendes, autor do relatório final, não estavam interessados na história da profissão: queriam apenas eliminá-la. Pior foi o desempenho dos meios de comunicação – patrocinadores efetivos da ação que liquidou o diploma –, aceitando a infeliz combinação de injustiça e ligeireza.

O silêncio dos senhores da reverberação começou um ano antes, em 2008, quando as entidades que congregam as empresas de mídia resolveram tacitamente omitir e boicotar as comemorações relativas aos duzentos anos da fundação de nossa imprensa. Pendência antiga: já ocorrera cem anos antes, na véspera do primeiro centenário, quando muitos jornais e jornalistas recusaram-se a homenagear o maçom Hipólito da Costa, inimigo declarado da Inquisição e, portanto, da Santa Madre Igreja.

---

6. O julgamento, realizado no dia 17 de junho de 2009 terminou com uma votação de 8 a 1 a favor do fim da obrigatoriedade do diploma específico para o exercício do jornalismo. O voto discordante foi do ministro Marco Aurélio Mello. Estavam ausentes os ministros Joaquim Barbosa e Carlos Alberto Direito, falecido poucos meses depois. O relator do processo foi o ministro Gilmar Mendes, presidente do STF, que opinou pelo fim da obrigatoriedade do diploma e ironicamente comparou a profissão de jornalista à de chefe de cozinha.
7. Jorge Pedro Sousa, "Uma breve história do jornalismo no Ocidente". In: *Jornalismo: história, teoria e metodologia*. Porto: UFP, 2008, p. 34-44.
8. Caio Túlio Costa, *Ética, jornalismo e nova mídia, uma moral provisória*. Rio de Janeiro: Zahar, 2009, p. 41-2.

Em apenas um ano – de junho de 2008 a junho de 2009 –, com a ajuda de uma conspiração e de manipulação judicial, acabou-se com uma profissão e com sua história. Um déspota não o faria com tanta eficiência.

A essas arbitrariedades soma-se uma enorme irresponsabilidade que, embora alienígena, foi aqui intensamente utilizada: o anúncio do fim da Era Gutenberg.

O avassalador crescimento das novas tecnologias não poderia ser previsto em 1974 (1ª edição), nem em 1986 (4ª edição). Mas as apocalípticas previsões e as levianas apostas no fim iminente do jornalismo impresso constituem um fato novo que nos remete à inconsequência e ao descaso com que alguns empresários e executivos aceitaram, no início dos anos 1970, o enxugamento dos jornais e do jornalismo acionado pela crise do petróleo.

Ultimamente, toda a carga persuasiva do jornalismo tem sido colocada a serviço de um postulado niilista-derrotista segundo o qual a era do papel chega ao fim. Além disso, oferece-se a certeza de que a internet (e seus subprodutos, inclusive a telefonia celular) será o novo veículo de um jornalismo contínuo, não periódico, fragmentado e ambiental. Para dourar a pílula, oferecem muita participação e interatividade total.

O futuro não é novidade, sempre fascinou e excitou a imaginação, mas desta vez a mídia fabricou uma paranoia futurista com hora marcada para consumar-se. Serviu-se da velha fascinação pelos modismos, da delirante busca de novos comportamentos, da promiscuidade com consultorias especializadas na venda de crises. E, sobretudo, aproveitou-se do desaparecimento, nas redações, das cabeças grisalhas aptas a enxergar a diferença entre evolução e drásticas substituições. As cassandras do apocalipse deveriam rever o clássico *Tempos modernos*, de Charlie Chaplin, produzido nove anos depois da introdução do cinema sonoro, mas praticamente mudo. Foi a forma encontrada pelo sublime mímico para protestar contra o "invencionismo" desenfreado, a novidade pela novidade a serviço da regressão. Quando José Saramago afirmou que o Twitter era o derradeiro passo antes do grunhido, na realidade repetia Chaplin e tentava acordar os leitores inteligentes para o perigo do futurismo alucinado e desabrido. Convém relembrar que o poeta italiano Filippo Marinetti criou a poesia futurista para libertar a Itália do peso do passado – foi um dos precursores da modernidade do fascismo.

Condenado à morte, agônico, o jornalismo impresso perdeu o resto de convicção que sobrara do seu namoro com o entretenimento e as mundanidades.

Se os jornais já anunciam o seu próximo óbito – raciocinam caudilhos e censores –, nada impede que sejam sangrados quando incomodam. A censura da imprensa deixou de ser o recurso dos regimes de exceção. Tornou-se regra.

Quanto mais esconderem sua vocação republicana e mais apostarem na condição de indústria, mais vulneráveis ficarão os outrora imbatíveis jornais e seus venerandos ideais libertários. Com um agravante: foram agentes das diferentes bolhas e clientes do mesmo cassino que geraram a crise financeira global.

O *crash* de 2008, entre outras razões, foi motivado pelo desligamento dos alarmes. Mercados soltos, desregulamentados e desvairados, assistidos por uma imprensa desnorteada e desvirtuada, preocupada com a própria sobrevivência e entretida com a sua crise de identidade, produziram uma catástrofe sem precedentes.

Ao assumir a sua vulnerabilidade e a morte iminente, o jornalismo impresso – a imprensa – apresenta-se diante da sociedade moderna como uma entidade obsoleta, frágil. Portanto, inconfiável. Antes, funcionava como referência, balizamento, matriz de certezas. Agora, tateia à procura de um obscuro "modelo de negócios" e, em função dele, sujeita-se a incríveis travestismos.

A idéia central de *O papel do jornal*, em suas sucessivas versões, sempre se apoiou na coexistência e na coabitação de tecnologias, funções, espécies e naturezas. A busca do conhecimento sobrepunha-se às eventuais colisões. Em 1973, nem o uso da cor nem as transmissões por satélite conseguiram induzir as redes de TV a acreditar na possibilidade de destituir o jornal impresso da sua função referencial, elementar. Os diferentes formatos ("frios" ou "quentes", na classificação de Marshall McLuhan) complementavam-se naturalmente na aldeia global.

A ideia de que o sistema deveria ser desestruturado para dar lugar a uma tecnologia a um só tempo hegemônica e dissipadora não partiu de informadores ou produtores de conteúdo jornalístico, mas dos vendedores de um produto chamado caos. Pretendiam ciclos tecnológicos mais curtos em relação aos mais de quatro séculos de vida do jornal impresso ou aos mais de cem anos de cinema. Queriam obsolescências imediatas, reposições sucessivas de equipamentos e procedimentos. Rupturas e bolhas sempre foram um bom negócio.

A promessa de que a informação em tempo real produziria maior interatividade e participação ainda não se materializou. O saldo, por enquanto, confina-se ao âmbito da agitação. A internet, como ferramenta, é imbatível, mas dificilmente conseguirá oferecer ao leitor uma plataforma noticiosa organizada e um conjunto de narrativas como o oferecido pelos impressos. O fluxo – na verdade, o jorro – da internet é intenso e contínuo, esta a sua grande vantagem. É também a sua intrínseca desvantagem: impossível manter o mesmo padrão de contextualização de tantas informações ao longo de uma jornada. E, sem contextualização, desorganizado e fragmentado, o conhecimento pouco vale.

O ser humano sabe preservar suas conquistas, não abre mão dos avanços anteriores. Como todo organismo multicelular, tem memória, sabe conservar e trocar informações, escolher as melhores rotinas para garantir a sua sobrevivência. Sem memória, teria de refazer continuamente o seu sistema de vida. A dinâmica evolucionista não prevê a eliminação de todos os processos, produtos e espécies menos aptos. Todos têm a sua utilidade e se encaixam num grande desenho.

Os imensos dinossauros desapareceram, porém espécies afins desenvolveram asas e sobreviveram como pássaros. Apesar da sua velocidade, aviões jamais desbancarão os trens de alta velocidade, que em certas circunstâncias oferecem soluções mais rápidas.

Essa grande orquestração tem escapado aos apocalípticos e catastrofistas. Com um pouco menos de vanguardismo e um pouco mais de apego à história, teriam evitado tanto estresse e desgaste.

Gutenberg não inventou o livro nem a impressão. Apenas inventou o tipo móvel, capaz de ser reutilizado continuamente. O livro, tal como o conhecemos hoje, foi inventado pelo veneziano Aldo Manúcio[9], que jamais manifestou nenhum tipo de obsessão pelo "modelo de negócio". Pretendia acrescentar ao livro impresso dois elementos que considerava inovadores: a portabilidade e a renovação do conteúdo, convertendo-o no prolongamento de uma academia.

Ao desenvolverem o cinematógrafo, os irmãos Lumière estavam mais preocupados com o aprimoramento de suas produções. O "modelo de negócio" veio depois.

A crise do petróleo-papel de 1973 não foi prevista: resultou de uma guerra no Oriente Médio. A crise do jornalismo impresso foi anunciada ao longo de quase duas décadas. Voluntária e voluntarista, foi adotada a partir da proclamação do "fim da história", quando a derrubada do Muro de Berlim calou os céticos. Sem ceticismo tudo desanda, mas em primeiro lugar desanda a imprensa, usina das dúvidas, multiplicadora dos questionamentos.

A fragilização de jornais e semanários começou quando a imprensa – instituição necessariamente plural e diversificada – acomodou-se à unanimidade e à unissonância. Desfibrada, deixou-se fascinar e suplantar pela internet. Só começou a reagir quando a varinha mágica da virtualidade mostrou sua insuficiência como promotora de receitas e lucros. Quando os produtores de conteúdo da internet noticiaram o fim da gratuidade e do acesso universal, deu-se o milagre: a mídia impressa de repente anunciou sua cura. O problema não era

---

9. Aldus Manutius (1450-1515) pretendia resgatar as obras fundamentais da cultura grega que corriam o risco de desaparecer imprimindo-as em edições esmeradas e formatos, digamos, "amigáveis". Na sua tipografia Aldine, imprimiu 33 obras usando uma fonte que ficou conhecida como itálico, inspirada na caligrafia de Petrarca. Seu modelo de negócios era claro: editar as melhores obras pelos melhores preços.

dos jornais, mas da mídia digital. Na pressa, os médicos não perceberam quem era o doente.

Mais convicção no jornalismo e mais brios na profissão de jornalista tornarão nítido o papel do jornal como o grande promotor de aproximações e convergências.

....

Coerente com a opção adotada nas versões anteriores, esta edição de *O papel do jornal* pretende ser um registro dos registros. Flagrante de uma evolução. Para que fosse rigorosamente atualizada deveria ser totalmente refeita, e nesse caso perderia a sua condição de retrospectiva.

Cortes foram insignificantes, relativos a situações ou circunstâncias não essenciais, totalmente superadas. Foram mantidas e ampliadas as referências dos rodapés e acrescentados ao texto original os comentários e projeções indispensáveis a uma leitura contemporânea, sempre identificados com colchetes. A intenção é recuperar uma história, percorrer a linha do tempo, não para atender a nostalgias, mas para recuperar uma evolução.

Foi mantido até mesmo o anexo sugerido pelo primeiro editor, Álvaro Pacheco, intitulado "Temas para desenvolver", com vinhetas e epigramas que deveriam atrair a atenção dos estudantes de então. Esse anexo funciona como uma máquina do tempo, amena recomposição do cotidiano das redações dos anos 1970 e, em alguns casos, lembrete quanto à persistência de costumes.

Para atender às exigências do relato jornalístico foi acrescentado um adendo com textos publicados recentemente, engrenados para evitar repetições. Este volume na verdade começa nos "Cadernos de Jornalismo" do *Jornal do Brasil* e chega ao "Observatório da Imprensa" – seu herdeiro direto –, onde estão referidos os lamentáveis desfechos de algumas situações com as quais as próximas gerações de profissionais deverão conviver.

Esse adendo tem a desagradável missão de lembrar que, apesar da ditadura e dos Anos de Chumbo, a mensagem que emana da 1ª edição é mais otimista do que a desta edição comemorativa tirada em pleno regime democrático.

A indispensável injeção de alento está no texto de Hipólito da Costa, o não patriarca dessa nossa não profissão, publicado há 201 anos como introdução ao volume I do *Correio Braziliense*.

Alberto Dines
São Paulo, 7 de setembro de 2009

A questão do ponto final

....

(Prefácio à 6ª edição)

Prefácios, em geral, são presságios e augúrios. Votos de longa vida à obra que começa. Este, ao contrário, é uma reflexão sobre o percurso bibliográfico de *O papel do jornal*. Talvez uma inflexão.

Escrito no verão de 1974, logo após a minha saída do *Jornal do Brasil*, como um balanço daquela esplêndida experiência de quase doze anos e dos vinte de profissão, o trabalho representou também uma resposta àqueles que imaginavam ter decretado o fim do meu currículo.

Na realidade, *O papel do jornal* foi uma continuação dos *Cadernos de Jornalismo e Comunicação*, que vinham sendo editados regularmente desde 1965. Sua origem está num artigo para aquela que seria a sua derradeira edição ("A crise do papel e o papel dos jornais"), cuja impressão foi cancelada.

O livro sobre jornalismo deixou uma razoável prole na imprensa. Dele descendem o "Jornal dos Jornais" (*Folha de S.Paulo*, 1975-77), o "Jornal da Cesta" (*Pasquim*, 1980-1982), o "Pasca Tasca" (*Pasquim* – São Paulo, 1986) e, posteriormente, o "Circo da Notícia" (*Imprensa*, 1994-95).

A redemocratização do país (acompanhada pela discussão sobre a obrigatoriedade do diploma para o exercício da profissão), bem como a insistência de mestres e alunos em manter *O papel do jornal* (em 3ª edição) nas escolas de jornalismo demandaram uma atualização, digamos, jornalística: um segundo clichê, reedição ou releitura com base nas novas circunstâncias, com comentários ao texto original (em notas de pé de página) e adendos mais substanciosos no prefácio e, sobretudo, no posfácio – este dedicado inteiramente à questão do diploma, convertido em inimigo público número um pelas entidades patronais.

Em Brasília, agosto de 1994, *O papel do jornal* batizou um seminário histórico: o primeiro evento realizado conjuntamente pelos profissionais de imprensa e empresários (por iniciativa da Federação Nacional dos Jornalistas, Fenaj, e da Associação Nacional dos Jornais, ANJ), o que levou à constatação de que o título ganhara vida própria e *status* de domínio público.

A crise do petróleo e do papel de 1973 repetia-se agora em outro contexto – o súbito aumento dos preços internacionais em mais de 30%, enquanto nas economias desenvolvidas os grandes cartéis da mídia popular inventavam a guerra dos preços para liquidar a imprensa de qualidade.

Vinte anos depois, volta-se a discutir o papel da mídia impressa diante de novos desafios e emergências. No âmbito brasileiro, a herança da década perdida na esfera econômica, de certa maneira, também se fez presente no plano do amadurecimento profissional, não obstante triunfos pontuais (o *impeachment* de Collor de Mello e algumas façanhas de teor exclusivamente mercadológico).

A crise de identidade da mídia internacional diante dos desafios da tecnologia, da globalização e do perigoso convívio com o entretenimento foi exportada para o Brasil, onde a concentração, combinada à descapitalização da empresa jornalística, articulou um novo cenário e nova pauta para a discussão da missão da imprensa.

O papel do jornal condena-se a ser um livro inacabado ou, se quisermos, em permanente estado de elaboração. Ao batucar o texto original naquela Olivetti semiportátil, novinha em folha, eu jamais poderia imaginar que exatos 22 anos depois, num Pentium, estaria acrescentando novas porções.

Ao longo dos anos, o artesão usou diferentes ferramentas, mas o ponto final que imaginava ser de seu arbítrio escapou-lhe. Obedece à mecânica e a caprichos próprios – será colocado onde e quando os fatos e narrativa o desejarem.

Alberto Dines
São Paulo, março de 1996

Da bobina à lauda em branco, a busca de circunstâncias

(Prefácio à 4ª edição)

Papel, papéis: o problema não era onde colocar a informação, dada a carência de matéria-prima para imprimir, mas *o que* colocar na folha em branco, desafiando censura e autocensura.

Hoje, rotativas rodam plenas, tiragens generosas, repressão e inibições desatadas, mas a lauda continua a espreitar, desconfiada do que as teclas despejam sobre ela.

Doze anos depois, esta a diferença. Ou semelhança. De todos os papéis com que lidamos, a folha em branco continua sendo o grande desafio do jornalismo[1].

Livros têm histórias, algumas mais interessantes do que os próprios – caso deste, talvez, em que o contexto sobrepõe-se ao texto. O momento em que foi escrito, 1974, quando se iniciou a pressão para a abertura; o estágio de excelência técnica em que se encontrava o jornalismo diário praticado por uma geração formada nos anos anteriores ao golpe de 1964; o fato de ter sido uma das primeiras tentativas de somar experiência com reflexão resistindo à tentação de fazer ciência; e o aproveitamento que, por isso mesmo, teve nas universidades são alguns dos elementos que validaram este trabalho. Principalmente, a carga

---

1. Ouvi a expressão "uma revista começa com a página de leiaute em branco" pela primeira vez de Thomaz Souto Corrêa, mestre revisteiro.

crítica nele contida e que dele se irradiou com relação a uma instituição até então olimpicamente infensa às dissecações e aos escrutínios.

Deste trabalho sobressai, no entanto, um elemento intrínseco, textual, expresso logo na primeira linha da introdução, coincidentemente intitulada "Lide", e que, hoje, mais de uma década depois, percebo ser sua essência e comprovação: "Jornalismo é a busca de circunstâncias".

Este livro é, em si, o desenvolvimento do axioma, desdobramento da premissa introdutória. Pode-se perfeitamente adicionar o título à proposição inicial compondo, em sentença única, seu resumo ou sumo: "O papel do jornal(ismo) é a busca de circunstâncias". Sejam essas circunstâncias as clássicas, sugeridas por Rudyard Kipling – fatores de identificação imediata –, sejam elas as mais elaboradas, como referências, comparações, remissões, inferências e motivações. Sem investigar e expor circunstâncias não se exercita o jornalismo.

Então, dirá algum exegeta de esquina, sendo "circunstancial" o jornalismo está condenado, liminarmente, à condição de efêmero e superficial?

Depende do significado que se atribui à palavra *circunstância*. Do velho *Morais* ao novo *Aurélio*, todos os dicionários atribuem à palavra significações muito claras e determinantes: situação, estado, condição de tempo e lugar, particularidade, atributo, causa, motivo. Do substantivo derivam dois adjetivos: *circunstancial* (que alguns podem entender como superficial, mas não é) e *circunstanciado*, algo minuciosamente exposto em todos os detalhes. Circunstância não é o oposto de substância; ao contrário, completam-se. A substância ou essência é o que há de permanente nas coisas que mudam, sua natureza. Essa substância fica evidente, visível e detectável por intermédio de circunstâncias que a qualificam. O jornalismo é a técnica de investigar, arrumar, referenciar, distinguir circunstâncias. Nas outras ciências afins e, por meio de veículos apropriados, trabalham-se as substâncias.

Quando se buscam circunstâncias irrelevantes e impertinentes temos, de fato, um jornalismo superficial. Quanto menos profunda for a investigação das circunstâncias, quanto menos cruciais forem as situações e condições apuradas relativas ao evento, mais perecível será esse jornalismo.

Uma reportagem sobre moda pode conter circunstâncias mais pertinentes e permanentes do que um desses textos "transcendentais", estufados de rótulos e citações hoje abundantes em nossa imprensa diária: o jovem jornalista contemporâneo, impregnado de leituras (o que não é ruim), mas virgem de vivências (o que é péssimo) – como se informação pudesse substituir experiência, para usar a tese de Susan Sontag –, imagina que, ao etiquetar desbragadamente, coloca no seu texto a circunstância definitiva. Ao contrário, é o recurso mais pobre porque impede, de saída, o processo de elaboração de conclusões do leitor. Se a seleção das circunstâncias for apropriada, se a relação entre elas for consequente, se o seu encadeamento for lógico, se a sua exposição for inequívoca, estaremos diante de excelente jornalismo, mesmo que trate de *fait divers*, serviços ou variedades.

Aliás, o culto da *circunstância circunstanciada*, isto é, o mergulho vertical em busca dos pequenos elementos que compõem a realidade, foi a tônica da escola de historiadores agrupada, desde 1922, em torno dos *Annales*, na França, que trocou a aflição determinista e factualista pelo ato de debruçar-se sobre situações cotidianas e insignificantes, mas tão minuciosamente devassadas que tornam-se lapidares sobre a época e as próprias forças da história.[2] Jornalismo e historiografia são primos – quando se pratica um deles com proficiência, chega-se, inevitavelmente, ao outro.

Publicadas três edições deste livro no intervalo de ano e meio, imaginava eu que, uma vez ultrapassada a crise do papel de imprensa que se seguira ao choque do petróleo, estaria superada a motivação central – e não o raciocínio – do livro e sua razão de ser. Eis que, depois das três edições, quando a crise econômica e a recessão que marcaram o fim do regime militar ameaçavam esmagar novamente nossa recém-adquirida desenvoltura, fui literalmente *obrigado* a relê-lo. (Que autor, por mais bem-sucedido – o que não é o caso – gosta de flagelar-se com uma releitura de sua obra?) Percebi que as circunstâncias levantadas e expostas em 1974 ajustavam-se perfeitamente ao cenário de 1984.[3]

Se antes o pretexto fora a escassez da matéria-prima essencial, na crise seguinte passamos a carecer de recursos para financiar a operação jornalística, com as audiências contando centavos e as receitas despencando dramaticamente. Nas duas ocasiões, a mesma reação, tanto de profissionais em postos de comando como de empresários: cortar a qualidade editorial para baixar custos, tentar prestidigitações para glamorizar, pasteurizar ou até emascular a densidade dos veículos e suas mensagens. Em ambos os casos, a mesma síndrome: medo de servir plenamente à sociedade e, com isso, valorizar o desempenho da imprensa. Nos dois momentos, as mesmas circunstâncias e falta de convicção no papel do jornal e da imprensa em geral. Resultado: publicações menos convincentes, afirmativas e candentes, mais epidérmicas e complacentes.

Em fevereiro de 1986, nova conjunção de situações sugeria que este *Papel do jornal* estava certo no seu propósito doutrinário quando a imprensa, como um

---

2. Um dos expoentes do grupo de historiadores foi o professor Fernand Braudel, ex-docente da Universidade de São Paulo nos primeiros anos de sua existência.
3. Artigo publicado em *Crítica da Informação*, ago.-set. 1983 – "Midas e os dinossauros".

todo, reagiu com seus melhores instintos na intermediação entre governo e governados para a aplicação das reformas econômicas e sociais que culminaram com a adoção do cruzado.

Estabeleceram-se, a partir daquele momento, um vínculo e um contrato entre a mídia e a sociedade, portanto, entre os meios e o fim, que não poderão ser desconsiderados no futuro. Doravante, a opinião pública passa a esperar dos veículos o mesmo nível e a mesma qualidade de atuação em seu benefício e na defesa dos seus interesses. Os verdadeiros "fiscais do Sarney" são jornais, rádios, televisões e revistas – e não apenas como divulgadores burocráticos, em corpo 4, de comunicados e tabelas de preços, mas como agentes ativos e independentes de uma sociedade que quer saber, se emancipa e já não se satisfaz com bodes expiatórios.

No processo de revalorização dos valores que se seguiu à reforma monetária, cada veículo passa a valer pelo seu desempenho específico. O preço de capa é irrelevante se considerada a competência com que cumpre seu papel – aqueles que o perceberem destinam-se ao sucesso; os que tergiversarem ou continuarem como se fossem ungidos pelo destino condenam-se à inutilidade e ao fracasso. O papel do jornal é ser necessário. Sua missão é perceber oportunidades para tornar-se imprescindível. Veículos que não se vinculam a uma premência da natureza humana são descartáveis. A instituição jornalística, na realidade, não existe. As entidades que pretendem representá-la são ficções. A imprensa consiste na soma dos desempenhos dos veículos de informação.

Curiosamente, nos três casos, a imprensa foi salva por fatores exógenos, alheios a ela. A política de distensão preconizada pelo general Golbery e praticada pelo presidente Geisel[4] foi aproveitada espetacularmente pela *Folha de S. Paulo*, a partir de julho de 1975, num audacioso golpe de *marketing* político-editorial de seus proprietários, instrumentado pelo talento e experiência de Cláudio Abramo, que alterou o comportamento da imprensa como um todo. Já em 1984, a própria sociedade brasileira, capitaneada por Ulysses Guimarães na memorável campanha das Diretas Já, movimento que pedia a volta das eleições para presidente da República, foi o vetor que desvencilhou a imprensa do marasmo e da tibieza em que se encontrava. Liderada novamente pela *Folha*, a

---

4. Golbery do Couto e Silva (1911-1987) foi ministro-chefe da Casa Civil da Presidência da República entre 1974 e 1981, durante todo o governo do presidente Ernesto Geisel (1908-1996) e no início do governo de João Figueiredo (1918-1999). Golbery pediu demissão do cargo após o fracassado atentado do Riocentro, em 30 de abril de 1981, que provocou a morte do sargento Guilherme Pereira do Rosário e feriu gravemente o capitão Wilson Dias Machado. O episódio é considerado hoje um marco da decadência do regime militar brasileiro.

imprensa foi, aos poucos, desenredando-se do convívio com o poder (do qual o ministro Delfim Netto foi o grande artífice e aproveitador), colocando-se a serviço dos interesses dos seus leitores e por eles regiamente recompensada com aumentos substanciais de circulação e prestígio. A campanha das Diretas Já acabou legitimando até o sistema de televisão, quando as redes capitularam à vontade popular reagindo às imposições do poder concedente, até então inquestionáveis. Esse contrato entre a nação e sua veiculação, impressa ou eletrônica, foi o responsável pela vitória de Tancredo Neves contra Paulo Maluf num sistema eleitoral até então dócil às maquinações palacianas.

Em 1986, o governo, com seu pacote de reformas, criou as oportunidades que a maioria dos veículos não soube discernir, a partir da morte do presidente Tancredo Neves e da posse do seu sucessor, incapaz de estabelecer diferenças – uma das suas tarefas precípuas – entre o autoritarismo e a transição democrática.

Este *Papel do jornal*, quando publicado, buscava as circunstâncias para descrever o jornalismo dos anos 1970, tempo de censura, conformismo, mas também com heroicos focos de consciência e resistência. Se essas circunstâncias foram bem apuradas, este livro, agora desenterrado pela Summus e pelo mestre José Marques de Melo, pode converter-se em advertência para o jornalismo que se pratica nestes primeiros anos de Nova República. Não é outra sua intenção. Se consegui dar uma ideia do padrão técnico e conceitual do jornalismo daquela época e de seus dilemas na hora da verdade, certamente os leitores de hoje – em transe não menos importante – terão um espelho para mirar-se ou fazer correções de rota. Absolutamente necessárias, já que a pretendida democracia medir-se-á, obrigatoriamente, pelo padrão de comportamento de nossos veículos de comunicação.

Ainda que controlado por um estado autoritário, o jornalismo dos anos 1960-70 apresentava, de modo geral, mais consistência e qualidade técnica do que este que se pratica hoje com tanto estardalhaço e tão pouca humildade. A diferença decorre do esgarçamento dos padrões de qualidade, dos níveis de exigência e da origem do novo arbítrio: antes, os controles vinham de cima, autoridades civis e militares ou donos das empresas a elas associadas, enquanto hoje a distorção e a manipulação muitas vezes têm origem corporativa, embrulhadas em ideologias ou, simplesmente, conveniências pessoais. Por razões etárias e acionárias, o velho dono de jornal está cada vez mais longe da operação, o pulso enérgico e o faro, outrora tão presentes, encontram-se distribuídos entre herdeiros, nem sempre vocacionados. Nessa brecha, há o perigo de exercer-se o arbítrio corporativo sem que se atente para os interesses mais amplos da sociedade. Não é aqui, num preâmbulo, o lugar para examinar a questão e propor caminhos que evitem os clamorosos erros do passado, mas vale fazer o registro e advertência.

Por essa razão, pode ser tomada como alarme aquela sentença dos parágrafos finais (p. 153): "Uma nação de grandes jornais é uma grande nação". Não se trata de frase de efeito para funcionar como *grand finale*, mas de simples constatação: o jornal é, ao mesmo tempo, espelho e miragem da sua audiência, caricatura e ideal de seus leitores. Se em 1964-1968-1974 nossos grandes jornais tivessem se pautado por suas virtudes e missões intrínsecas, e não por interesses imediatistas, teríamos, seguramente, desfecho diferente do processo político. Pelo menos, abreviado. Impor respeito é o atributo fundamental dessa profissão, seja quando se faz jornalismo de serviço, esportivo ou político. Sem credibilidade não há comunicação, e, sem ela, desaparecem impulsos e inovação.

O fator decisivo a convencer-me da necessidade de reeditar este livrinho foi a cruzada, artificial e viciada, comandada pela *Folha*, em torno da proposta de eliminar da nova Carta Magna a obrigatoriedade do diploma de jornalista para o exercício do jornalismo.

Embora seja formado em coisa alguma, muito menos em jornalismo, desde 1963 – com apenas onze anos de experiência profissional – senti a necessidade de associar-me a uma escola (no caso, a Pontifícia Universidade Católica do Rio de Janeiro, PUC-RJ) para sistematizar e organizar minha experiência. Esse tipo de associação, ininterrupta até 1974 e intermitente desde então, nunca deixou de apresentar grandes vantagens para mim e, imagino, para os meus alunos, porque é na sala de aula, no exercício da teoria e na avaliação da prática, que o profissional pode enxergar mais longe. A reflexão não precisa necessariamente ser convertida em pomposas doutrinas, mas pode converter-se em conceitos e, sobretudo, ideais.

Não existe melhor lugar para usinar a prática com a teoria do que a universidade. Quem aprende gramática escreve com correção, quem pensa bem escreve bem, mas existem técnicas jornalísticas e filosofias do jornalismo que precisam ser trabalhadas conjuntamente, longe da correria dos "fechamentos", das injunções e precariedades do dia a dia. A sala de aula, conveniente e necessariamente equipada – tanto em termos materiais como humanos – é insubstituível para fundir ética com técnica, ideal com real, de modo a impedir que algumas vestais, quando lhes dá na veneta, atribuam-se o papel autoritário do pontificar sobre o que é certo ou errado.

A campanha contra o ensino de jornalismo, a pretexto de proteger a imprensa do abominável licenciamento, na verdade, inspira-se em aberração autoritária ainda maior – a crença de que o jornalismo é apenas "vocação", sem compromissos maiores com a sociedade, missão para alguns *iluminados* escolhidos por outros coleguinhas *iluminados* que galgaram o poder ou o receberam de mão beijada.

Tudo começou onde deveria acabar: o douto colégio encarregado de rascunhar um projeto de Constituição para um país livre e moderno, em vez de discutir questões básicas e essenciais – como se espera de uma miniconstituinte –, colocou na sua ordem do dia um aspecto parcial e menor do problema da liberdade de informação, esquecendo ameaças, perigos e entraves maiores. De repente, todas as mazelas do jornalismo brasileiro concentraram-se nas escolas de jornalismo, como se não nos afligissem outros problemas e deficiências. A técnica simplista e burra do bode expiatório – que o bom jornalista aprende a evitar e abominar desde cedo – foi ressuscitada pelos nomes mais ilustres da nossa imprensa numa cruzada que, em alguns momentos, lembrava a campanha dos "liberais" contra o *Última Hora* em 1952-53. Tudo em nome da "liberdade de expressão" que poucos deles tiveram a coragem de defender em letra de forma quando realmente estava ameaçada.

Dedico, pois, aos envolvidos no ensino de jornalismo – professores e alunos – esta nova edição, na esperança de que a escola transforme-se na grande forja na qual talento combine-se com consciência, engenho com missão e diligência com responsabilidade social.

Aos "revisteiros" e jornalistas eletrônicos, uma explicação: como este livro foi originalmente escrito depois de quase duas décadas de experiência em jornalismo diário, usei inconscientemente a palavra "jornal" onde deveria ter escrito *imprensa*. Particularizei o que o leitor facilmente generalizará. Todas as atividades jornalísticas são regidas pelos mesmos padrões. Jornalismo de jornal, jornalismo de revista ou jornalismo eletrônico, embora com periodicidades, ritmos e formatos diferentes, são basicamente idênticos – atitudes e compromissos, iguais.

O texto que se segue é igual ao da 2ª edição (a Editora Artenova, metamorfoseada às carreiras em empresa de cinema, desfez-se de seus estoques e acionistas, não possui exemplar algum da 3ª edição). Alterações foram feitas em caso de erros tipográficos ou quando a comichão da síntese e da clareza empurrou o lápis contra palavras excessivas. Resisti à tentação de reescrever a obra porque, neste caso, estaria fugindo ao compromisso de ater-me às circunstâncias de então. Mas, para fazer uma ponte com as novas, acrescentei comentários e informações em notas de pé de página, tentando, em dois níveis de leitura, o desfile comparativo de reflexões sobre épocas distintas.

Este não é o livro sobre jornalismo que eu gostaria de escrever hoje – temática ou estilisticamente –, mas não o escondo. Exibo-o com uma ponta de orgulho porque percebo nele um dos elos do processo que começou nos *Cadernos de Jornalismo* do *JB*, passou pelo "Jornal dos Jornais" da *Folha*, pelo "Jornal da Cesta" do *Pasquim* e, hoje reconheço, resulta no "estado de graça" em que me encontro com relação a minha profissão.

A quantidade de papel disponível para a impressão é irrelevante. A bobina de papel-jornal deve ser suficiente para imprimir no mínimo um exemplar. Não são os estoques que importam, mas aquela solitária folha em branco aguardando na máquina a informação correta, necessária, descompromissada e estimulante.

Alguns anos depois de publicado *O papel do jornal*, deparei com Ortega y Gasset e seu lapidar conceito: "Eu sou eu e minha circunstância"[5]. Entendi e entendi-me: somos muitos e um só, nada é conclusivo, definitivo. Tudo é novo, inacabado e, sobretudo, apto a ser aperfeiçoado. No jornalismo, como na vida, tudo gira em torno de um núcleo de coerências, o resto é a devotada busca de circunstâncias.

Alberto Dines
São Paulo, maio de 1986

---

5. *Meditaciones del Quijote*. Madri: Publicaciones de la Residencia de Estudiantes, 1914.

Apresentação

JOSÉ MARQUES DE MELO*

Há livros que nascem clássicos. Esse é o caso de *O papel do jornal*.
Ele ocupa lugar privilegiado na bibliografia brasileira de jornalismo.
Anteriormente, havíamos identificado[1] três clássicos nacionais nessa área do conhecimento: *O problema da imprensa*, de Barbosa Lima Sobrinho (1923); *Iniciação à filosofia do jornalismo*, de Luiz Beltrão (1960); e *Espírito do jornalismo*, de Danton Jobim (1960).
A essas obras fora de série acrescentamos o ensaio que Alberto Dines escreveu no calor dos acontecimentos marcantes da fisionomia da imprensa nos idos de 1970.
Por isso, recomendamos à Summus Editorial a sua reedição nesta conjuntura da vida brasileira, como uma contribuição aos que enfrentam os desafios de construir a democracia que a Nova República está possibilitando.
Tal iniciativa passa pela transformação do nosso jornalismo, estigmatizado pela rudeza e pelas manhas do regime autoritário.

---

* José Marques de Melo é chefe do Departamento de Jornalismo e Editoração da Escola de Comunicações e Artes da Universidade de São Paulo.
1. Essa identificação ocorreu durante as pesquisas realizadas para minha tese de doutoramento em jornalismo, em 1972, na Universidade de São Paulo. Ela está registrada no livro *Sociologia da imprensa brasileira* (Petrópolis: Vozes, 1973, p. 16).

A lição resgatada por Alberto Dines pode ser útil aos jornalistas e aos cidadãos comprometidos com o debate sobre o funcionamento da imprensa numa sociedade democrática e com a criação de novos sistemas para o registro e a análise do cotidiano.

Singular pela sua proposta – a de um depoimento crítico sobre o jornal num período de mutações políticas e econômicas –, este livro foi intensamente lido e discutido nas escolas de comunicação e nas empresas jornalísticas. Tanto assim que foi reeditado duas vezes, um ano após o seu lançamento, fato inédito na indústria editorial brasileira.

E continua até hoje a constituir referência indispensável para as novas gerações de jornalistas formados pelas universidades, não obstante figure como raridade bibliográfica. Esgotadas as três primeiras edições, seus exemplares desapareceram das livrarias, restando o xerox como recurso possível para permitir a sua leitura, já que os professores dos cursos de jornalismo o incluem na bibliografia básica dos seus alunos.

Por que esse interesse, dez anos depois do seu aparecimento, por um livro que o próprio autor caracterizava como circunstancial?

No nosso entender, isso se deve à sua natureza científico-jornalística, pois o circunstancial deixa de ser efêmero e provisório para se converter em análise contextualizada, superando a conjuntura que o motivou.

Ao escrevê-lo, o jornalista captou os dados fundamentais do momento histórico – a crise da imprensa no bojo da crise econômica internacional (escassez de papel, escassez de petróleo) e da crise política nacional (esgotamento do regime militar instaurado em 1964). Mas não se limitou a isso. Interpretou sistematicamente as variáveis da conjuntura e as articulou com as tendências observadas no movimento da imprensa brasileira para identificar traços capazes de explicar sua trajetória recente e as projeções perceptíveis. Realizou, assim, um trabalho de cientista do jornalismo.

Essa peculiaridade fez de *O papel do jornal* uma obra clássica no seu nascedouro. Livro de circunstância que não sucumbiu ao emaranhado dos acontecimentos e conseguiu transpor o umbral da factualidade jornalística, apreendendo a essência dos processos sociais para trabalhá-los analiticamente, dimensioná-los criticamente.

Tornou-se, portanto, um ensaio de atualidade contínua. Por mais que as tinturas do cotidiano vigente nos anos 1970 tenham esmaecido, a nitidez do panorama pouco se alterou. Continuam válidas as observações feitas sobre a imprensa naquele momento, se consideradas à luz das ocorrências políticas que modificaram a fisionomia da vida nacional.

No lide que faz as vezes de prefácio à 1ª edição, Alberto Dines explica que a origem do livro foi um artigo escrito para os *Cadernos de Jornalismo e Comunicação* sobre a crise dos jornais brasileiros como consequência da crise vivida então pela indústria multinacional do papel de jornal. O inverno prolongado nos países do Norte e outros fatores periféricos acarretavam a redução da oferta de papel no mercado internacional, tornando vulnerável a situação dos países que dependiam da importação daquela matéria-prima.

O artigo não chegou a ser publicado, pois o seu autor, também editor-chefe do *Jornal do Brasil*, acabava de ser demitido do cargo que ocupara durante mais de dez anos naquela empresa. Dines aprofundou as reflexões ali contidas e as reuniu em livro, oferecendo-as à consideração da comunidade jornalística do país.

Na entrevista concedida ao *Pasquim* em 1977[2], ele explica de forma mais abrangente a significação do seu desligamento do *JB*, por pressão do governo militar, permitindo entender a circunstância que o levou a escrever este livro.

Aparentemente, foi uma espécie de prestação de contas da sua atuação jornalística, marcada por sucessos. Ao sair da direção de um dos mais importantes jornais diários do país, onde fizera uma reforma exemplar e formara uma equipe da melhor qualidade profissional, tornava-se oportuna a divulgação de um como que manifesto público da sua competência jornalística e da sua coragem política. Ninguém duvidava disso, é claro. Mas num momento em que o silêncio era regra geral, o seu gesto se impunha.

Ao concretizá-lo, fez um metajornalismo que obteve a repercussão esperada, mas não provocou as alterações desejadas. O seu diagnóstico da crise do jornal provocada pela crise do papel desdobrava-se no projeto alternativo de um jornal para uma sociedade em transição. Quixotescamente, ele tentou ressuscitar o *Correio da Manhã*, pondo em prática a sua proposta de um novo jornal. Mas as circunstâncias não eram favoráveis.[3]

Agora que o Brasil começa a mudar, trilhando um caminho que prioriza o mercado interno e recupera a capacidade de consumo dos cidadãos, a ideia acalentada por Alberto Dines pode deixar de ser utopia e se tornar realidade.

---

2. Entrevistado por Ziraldo, Ivan Lessa, Iza Freaza e Jaguar, Alberto Dines revela, de forma descontraída, suas experiências jornalísticas e suas motivações político-culturais. *Pasquim*, Rio de Janeiro, ano IX, n. 420, 21 jul. 1977, p. 6-15.
3. Em comentário escrito na época do lançamento do livro, tivemos a oportunidade de aludir à natureza utópica da sua proposta fundamental. Veja José Marques de Melo. *Subdesenvolvimento, urbanização e comunicação*. Petrópolis: Vozes, 1976, p. 74-8.

Daí a oportunidade da reedição deste livro, colocando as novas gerações de jornalistas profissionais e empresários do jornalismo em contato com reflexões que permanecem atuais e podem conduzir a iniciativas transformadoras.

Nesse sentido, a lição de Alberto Dines adquire dimensão essencialmente científica. Revendo uma conjuntura que profissional e emocionalmente lhe foi marcante, ele conseguiu recompor objetivamente o panorama, vislumbrando as saídas possíveis, com base na observação das experiências internacionais no campo da indústria da comunicação de massa.

Este livro significou, por isso mesmo, a culminância da sua jornada acadêmica. É que Alberto Dines exerceu concomitantemente o jornalismo profissional e o ensino do jornalismo. A primeira atividade é bastante conhecida e valorizada. A segunda, nem sempre.

Durante mais de dez anos, Dines foi professor da PUC do Rio de Janeiro. E ali construiu uma ponte entre a universidade e a profissão. Sua responsabilidade docente certamente exigiu uma sistematização das suas experiências editoriais e estimulou o contato com as fontes do conhecimento novo sobre o seu campo de trabalho.

Resultado: ao enfrentar o desafio do seu afastamento profissional do principal projeto que realizou – a reforma do *Jornal do Brasil* e a sedimentação do seu prestígio nacional –, ele se valeu do instrumental acadêmico para responder com um documento que, sem deixar de ser jornalístico, apresenta nítida vocação científica.

Na verdade, Alberto Dines vinha exercitando essa vocação desde o lançamento dos *Cadernos de Jornalismo* do *JB*, posteriormente ampliados para *Cadernos de Jornalismo e Comunicação*. Seus artigos e ensaios ali reproduzidos demonstravam a inquietação intelectual de um fazedor de notícias que ultrapassava o registro pitoresco da sua atividade (como ainda acontece com tantos jornalistas afamados) para teorizar sobre a sua prática cotidiana e retirar lições capazes de guiar os novos talentos.

Não é sem razão que este livro surge inicialmente como reflexão para os *Cadernos* e se configura como ensaio autônomo depois dos acontecimentos que inviabilizam sua publicação original.

A legitimação do trabalho de Alberto Dines como cientista do jornalismo confirma-se, logo após o lançamento deste livro, quando a Columbia University o recebe como professor visitante na sua Escola de Pós-graduação em Jornalismo durante o ano acadêmico compreendido entre 1974 e 1975. E prossegue, no seu retorno, ao se tornar pioneiro da *media criticism* em nosso país[4], com a coluna dominical "Jornal dos Jornais", publicada na *Folha de S.Paulo*.

Aliás, Alberto Dines está a dever aos seus leitores uma edição seletiva dos comentários feitos naquela coluna (e também na sua página crítica do *Pasquim*). São observações e percepções do nosso cotidiano jornalístico cuja riqueza circunstancial as torna fragmentos indispensáveis à compreensão dos fenômenos que ocorreram naqueles tempos de autoritarismo e voltam a se reproduzir, com outras roupagens, nesta encruzilhada de reaprendizado democrático.

Ao apresentar esta 4ª edição de *O papel do jornal*, tenho a consciência de servir às comunidades acadêmica e profissional do jornalismo, beneficiárias potenciais dos ensinamentos aqui reunidos. Mas não poderia fugir à oportunidade de homenagear também o autor, sem dúvida alguma uma das maiores expressões do nosso jornalismo, a quem Alceu Amoroso Lima, com a sua autoridade de historiador e crítico da nossa cultura, atribuiu o título de "Príncipe dos Jornalistas Brasileiros".

São Paulo, 30 de dezembro de 1985

---

4. Sua postura em relação à *media criticism* está bem explicitada no ensaio "Media criticism: um espaço mal-dito", publicado na coletânea organizada por Carlos Eduardo Lins da Silva, *Comunicação, hegemonia e contrainformação*. São Paulo: Cortez/Intercom, 1982, p. 147-54.

Lide

....

Jornalismo é a busca de circunstâncias. Um livro sobre jornalismo, portanto, seria a circunstância da circunstância, o momento em movimento. Técnica que se destina, antes de tudo, ao estudo e tratamento dos fatos, é dinâmica porque lida com material mutante. Um estudo sobre o jornalismo dos anos 1920 quase nada tem que ver com estudo igual sobre o jornalismo dos anos 1970. O jornalismo acompanha, assim, as demais ciências humanas, que, ao contrário das outras, talvez até mais exatas, são dinâmicas. O ser humano, imprevisível e impreciso como é, transmite às ciências que o estudam um tom mercurial, palpitante, inacabado e fecundo.

Um estudo sobre o jornalismo nesta década não pode circunscrever-se às noções que empregamos para estudá-lo na década anterior. Em uma redação de jornal, onde, por força da repetição, nos tornamos classificadores de eventos, toda vez que algo acontece, por mais insólito que seja, há sempre alguém que já enfrentou, participou ou classificou algo similar. É por essa razão que a pergunta mais presente, e por isso mais simbólica, de uma redação é: "Qual o fato novo?"

Um trabalho sobre jornalismo também pede fatos novos. O nosso pretende abordar a crise de matéria-prima ou a crise de consumo ou, para sermos mais exatos, a crise do papel de imprensa. Esse fato, novo e persistente, marcará o jornalismo e a comunicação nos próximos anos. Ele alterará uma série de situações e, portanto, de conceitos, criando novos balizamentos e perspectivas.

O estudo do jornalismo já passou por várias fases e métodos, resultantes do próprio estágio em que se encontrava o processo. Assim, enquanto tínhamos o jornalismo como subproduto das belas-letras – literatura sob pressão, como definiu Alceu Amoroso Lima –, o seu estudo confundia-se com o delas. Concentrávamo-nos, então, no estilo, na frase, na palavra. O beletrismo, na ocasião, não era ainda restritivo (como tudo muda!), e o jornal vivia como o repositório de uma atitude geral e natural que considerava o bonito e o bem-acabado como meta final.

Essa fase, no Brasil, estendeu-se até depois do segundo conflito mundial, quando aqui chegaram os seus resultados: a sociedade politicamente aberta, a industrialização, a equidade urbana. Nossos jornais, banhando-se na experiência da objetividade e dependendo diretamente do noticiário telegráfico, apreenderam um novo estilo, seco e forte, que já não tinha nenhum ponto de contato com o beletrismo.

Passamos, então, no fim dos anos 1940, à funcionalidade e à eficiência. O *Diário Carioca*, o *Tribuna da Imprensa*, o *Última Hora* e, mais tarde, o *Jornal do Brasil* (fase Odylo Costa, filho[1]) voltaram-se para a valorização da notícia e de sua construção. As faculdades de jornalismo ainda estavam ligadas organicamente às de filosofia e letras, mas nas redações as indagações eram outras: o lide, as perguntas sistematizadas por Kipling, a economia de palavras e a objetividade de seu emprego. Foi uma fase de ouro do jornalismo brasileiro (veja o Capítulo 6).

Na década de 1960 começava a chegar ao Brasil a tendência de compartimentação das ciências, a era da especialização científica. A filosofia repartiu-se, as próprias ciências exatas se subdividiram para serem mais exatas ainda. As ciências humanas, à medida que aumentava o conhecimento sobre o homem, reclassificavam-se numa dúzia de especialidades, como a psicologia, a sociologia, a antropologia, a linguística, a comunicação.

No início do seu saber, o homem generaliza. "E Deus criou o céu e a terra", diz o livro de Gênesis, mostrando como estavam compactados os quinhões de conhecimento. Em decorrência disso, a religião misturava-se à higiene, à moral e à sociologia, a medicina era um ramo da filosofia, a astronomia e matemática,

---

1. O maranhense Odylo Costa, filho (1914-1979) foi jornalista, cronista, poeta e escritor. Além do *Jornal do Brasil*, trabalhou no *Jornal do Commercio*, no *Tribuna da Imprensa* e nas revistas *Senhor*, *O Cruzeiro* e *Realidade*, entre outros veículos. Foi também diretor de redação da Editora Abril no Rio de Janeiro. Era diretor do *JB* em 1956, quando o jornal passou por uma profunda reforma de caráter gráfico e estilístico que marcou a história da imprensa brasileira.

um feixe só. Cada ser humano repete, no seu desenvolvimento, a evolução da humanidade. Assim, o homem, no início do seu saber, como a criança ao percorrer seus caminhos civilizatórios, junta para apreender o sentido global das coisas.

Depois da Segunda Guerra Mundial, alcançamos a compartimentação do conhecimento, mas na década de 1960 a especialização chegou ao seu auge. A classificação das ciências, que tinha esgotado tantos filósofos desde Aristóteles, passando por Bacon, Ampère e Spencer, agora se estendia dos limites com a arte até o extremo oposto, nas fronteiras com a filosofia.

Marshall McLuhan ainda não despontava no cenário internacional como o primeiro papa da nova ciência da comunicação, mas já apareciam em 1965 no Brasil os *Cadernos de Jornalismo* (editados pelo *Jornal do Brasil*), que falavam em seu primeiro número em "engenharia de massas" e comunicação de massas. Simultaneamente, fazendo parte do mesmo processo, acontecia a reorganização da nossa vida universitária, e o jornalismo encaixava-se como uma das especialidades da comunicação, esta integrada confortavelmente no contexto das ciências humanas. É a fase também da explosão dos meios de comunicação: a TV atinge seu primeiro esplendor e o resto da veiculação readapta-se com eficiência.

Os anos 1970 representam uma inversão na metodologia do saber, ou tendem a ela. Estamos, ao que parece, em plena era da multidisciplina, em que o conhecimento se liberta dos limites da especialização e dos cacoetes dela decorrentes. Agora, filosofia e ciência se juntam, arte e ciência se entrosam, ciências antagônicas (física-química) se aglutinam e se completam. É de supor, por conseguinte, uma revanche do humanismo.

Para o jornalista e comunicador, profissionalmente, isso vai representar novo momento de grandeza. Pois a estruturação "empresarial" dos anos 1960 deixou-o isolado nas mãos de economistas, administradores, engenheiros. A abertura que se preconiza – a justaposição de vários conhecimentos – permitirá outra vez ao jornalista e comunicador assumir a preponderância perdida dentro dos próprios veículos na fase da exagerada especialização. Deverá ser agora que a universalidade intrínseca à atividade jornalística poderá mostrar sua validade e sua força num momento de transição como este, pelo qual passa a humanidade em geral e os meios de comunicação em particular.

Essa abertura externa da teoria jornalística coincide com uma abertura interna, ética, moral e emocional. O cientificismo daqueles anos 1960 trazia para as redações magotes de jovens universitários sobraçando todas as doutrinas da informação, mas sem nenhum treinamento subjetivo e sensorial. Como trouxe também, para as empresas de comunicação, profissionais de especialidades não culturais que, acompanhando a tendência geral da época, acreditavam que a simples ingestão de conhecimento os tornaria capazes de gerir e comandar um processo intelectualmente sofisticado. O exercício do jornalismo decorre de um estado de espírito que não se aprende em bancos acadêmicos ou por osmose. Essa atitude básica do jornalista, traço eminentemente vocacional, pode, no entanto, ser desenvolvida e elaborada num treinamento que combine as teorias científicas com atitudes psicológicas fundamentais, como o inconformismo, a disponibilidade e o dinamismo intelectuais.

Daquela fase de beletrismo reemerge agora um fato solidamente instalado – o de que o processo da comunicação e do jornalismo é essencialmente cultural. Isso parece óbvio, mas na realidade em duas ocasiões quase nos esquecemos dessa premissa. A primeira vez foi na era da funcionalidade, quando com os típicos exageros brasileiros alimentamos o fantasma do *copy editor* e admitimos que o repórter tinha de trazer a notícia em qualquer estado (até em fita gravada, sem se preocupar com a forma, que ficaria a cargo do intelectual, redator ou editor). Depois, na fase seguinte – vamos denominá-la "cientificista" –, deslumbrados com o mundo do saber, admitimos que o manuseio de conhecimentos era o bastante para criar o "comunicador".

Da descoberta do ser humano, da afinidade e do parentesco da comunicação com a psicologia agora encontrados, fica a indicação de que o jornalista pode ser sensorialmente treinado, espiritualmente orientado para a função. Nesse sentido, são curiosas algumas experiências humanizadoras que promovemos na Pontifícia Universidade Católica do Rio de Janeiro e em vários seminários internos do *Jornal do Brasil*, com a ajuda de psicólogos e educadores, visando a uma maior sensibilização do estudante e do jornalista *lado de dentro* (Capítulo 11).

A grande pendência *empresa* versus *imprensa*, que ainda agita certa parte de nossos meios de comunicação, à luz desses prenúncios, pode ser agora facilmente dirimida. Um veículo de comunicação, por mais próspero que procure ser, não é indústria nem empresa como as outras. Assim como ocorre com a indústria cinematográfica em Hollywood e na Europa ou com a indústria editorial em todo o mundo, a sobrevivência de um jornal, revista, emissora de rádio ou rede de TV só é possível quando sua estruturação destina-se ao apoio, sistematização e organização do talento. E quando este pode dirigir-se exclusivamente ao preenchimento das finalidades sociais da instituição.

Se, por um lado, a liberação do talento sem compromisso com o planejamento pode levar um veículo à falência, por outro, a subordinação total do talento à organização destrói intrinsecamente suas razões de existir (veja Capítulo 10).

Na sociedade polivalente e multidisciplinar dos anos 1970, em que o próprio poder político aceita tantos polos de irradiação de força, adaptando-se a eles (com exceções, é claro), o destino e a sobrevivência de jornais e jornalistas será a ampliação e a universalização de seus componentes. Este trabalho pretende ser uma colaboração nesse sentido.

A ideia deste livro surgiu-me exatamente no dia em que fui afastado do *Jornal do Brasil* e extinguiu-se ali o cargo de editor-chefe. Ele é, portanto, fruto direto de doze anos naquele veículo e indireto do trabalho em outros jornais, revistas, rádio educativa, cinema e editoras. O tema foi extraído de um artigo, "A crise do papel e o papel dos jornais", preparado para os *Cadernos de Jornalismo* e precipitadamente retirado das máquinas quando da minha saída.

Daquela dúzia de anos no *JB*, nove foram acumulados como professor na PUC-RJ, onde lecionei Jornalismo Comparado e Teoria da Comunicação. Assim, enquanto fazia o jornal, procurava entender o jornalismo, organizando o conhecimento empírico, dimensionando a vivência profissional, decantando a experiência diária. Reconhecendo minhas limitações, não pretendo que este seja um trabalho acadêmico, tampouco apenas uma coletânea de lições cotidianas. Se conseguir que seja uma instrumentação motivadora para o estudante de jornalismo e comunicação às vésperas da sua profissionalização, ou uma pausa doutrinária para o jornalista envolvido no fogo do trabalho diário, já me considerarei recompensado.

Meus agradecimentos a Roberto Quintaes, que fez a revisão dos originais e oportunas indagações; a Arisio Rabin, que valorizou este trabalho com a sua capa; e ao editor Álvaro Pacheco.

Este livro é fruto do convívio com meus companheiros de profissão e, por isso, a eles dedicado. Com eles aprendi que a melhor edição sai num dia difícil.

Alberto Dines
Rio de Janeiro, fevereiro de 1974

1. Parar as rotativas?

....

A crise é o desequilíbrio criador, dizem maquiavelistas de esquina, justificando-se. O chanceler americano Henry Kissinger cunhou o axioma, epígrafe para tantos atos escusos, de que confrontos, para ser resolvidos, devem ser levados ao seu ponto de ruptura; em outras palavras, para escapar de um impasse basta convertê-lo em crise.

Na realidade, o ser humano incorporou atavicamente ao seu repertório de experiências o conceito otimista de que cada crise contém lições.

Karl Marx, esplêndido fornecedor de citações, afirma que "a violência é a parteira da história". Uma análise superficial das descontinuidades da história confirma que seu curso é alterado por impactos dramáticos. Mas essas crises geradoras são cristalizações de processos mais lentos ou sintomáticos. Na incapacidade de resolvê-los por antecipação, eclode a situação de violência.

Ainda que não se inclua entre as finalidades deste trabalho o julgamento moral, é preciso distinguir a sábia serenidade de extrair ensinamentos das crises, aproveitando suas consequências, da fria disposição de provocá-las para delas tirar proveito. Aliás, nessa dicotomia se encaixa a infindável discussão sobre os fins e os meios, a solução ética e os atalhos aéticos.

Crise é, portanto, uma tendência tornada emergência, alteração crônica que se faz aguda. Isso nos basta para concluir, a propósito da crise de matéria-prima

– especialmente do papel – que a gravidade da situação é resultado de sintomatologia há tempos diagnosticada e prevista.

Estamos vivendo não apenas uma, mas várias crises concêntricas. A humanidade reacerta seu curso e seu ritmo e, por isso, tudo e todos estão sendo afetados. O núcleo desse sistema é a *valorização do valor* em detrimento da *valorização da qualidade*. A sociedade pós-industrial resultou apenas em uma sociedade montada sobre o consumo, isto é, o desperdício.

Os círculos seguintes são representados por sua consequência lógica – a exaustão dos recursos naturais. Os círculos maiores são as economias do mundo espraiando-se sem medir consequências e, agora, obrigadas subitamente a estacar numa recessão ou reversão menos dramática, porém inelutável.

Aquelas vozes solitárias – que há poucos anos reclamavam freios no crescimento e desenvolvimentos menos fúteis e desvairados – são, hoje, acompanhadas por grandes corais. A tecnologia provou que o bem-estar é possível e alcançável. O que ela não provou foi o caráter perene e estável desse bem-estar. O sentido e a direção do progresso são hoje questões mais importantes que o próprio progresso.

A crise do petróleo começou um ano antes da Guerra do Iom Quipur, quando, sem grandes dificuldades, apenas projetando a demanda e a produção de óleo mineral, percebia-se a chegada de um impasse. O desenvolvimento mundial não poderia continuar orientando-se em direção ao automóvel, que rapidamente se converteu de meio de locomoção a ditador e símbolo urbano, eixo motor das economias ocidentais.

O automóvel é o típico representante da sociedade de consumo, mas é também o herdeiro da era de matéria-prima barata. Graças a isso, montou-se uma estrutura econômica, social e urbana em função de petróleo a US$ 0,50 o barril, carros com 300 HP de potência, anunciados fartamente em jornais e revistas.

Quando o petróleo passou a US$ 14 o barril (preço médio no primeiro trimestre de 1974) e o papel de imprensa pulou de US$ 171 a tonelada (preço em 1971) para US$ 320, em 1974 (87% de diferença), toda a estrutura desabou. Veio a crise.

A Quarta Guerra do Oriente Médio, em outubro de 1973, foi o impacto dramático que empurrou o pêndulo da história, apressando indiretamente a humanidade para a reavaliação da prosperidade. A crise de energia que se seguiu, por decisão dos países árabes produtores de petróleo, levou estadistas e cidadãos a ansiar por novas fontes de energia e a questionar a própria estrutura da atual sociedade urbana.

As cidades como paraísos rodoviários foram postas em questão, assim como as ferrovias – nos países com farta energia hidrelétrica – entusiasticamente reestudadas. Menos carros, menos acidentes. Menos carros, menos poluição. Menos carros, mais poupança e menos inflação. Em cinco anos de prédicas contra a megalópole poluída e atravancada, urbanistas, sociólogos, arquitetos e poetas não conseguiram o que um fim de semana sem carros na Europa demonstrou: cada crise contém sua solução. Em nosso caso, a transposição é esta: *jornais com menos papel podem ser jornais melhores.*

A crise do papel de imprensa, como a do petróleo, é resultado de um longo processo. Não é conjuntural, nem passageira, ainda que algumas das suas causas, as menos incisivas, sejam sazonais. Em resumo, são estes os elementos que contribuíram para transformar a carência latente numa situação de crise:

a) aumento espetacular do consumo mundial, que passou de 20.530 milhões de toneladas em 1970 para 23.124 milhões de toneladas em 1974 (valor estimado)[1];

b) preços não compensadores, provocando o desmantelamento de máquinas de papel de imprensa e o desvio de outras para a manufatura de tipos de papel mais rentáveis, notadamente aqueles empregados em embalagens. Lucro médio nos Estados Unidos: 4,8%, taxa de juros: 5%[2];

c) rigoroso inverno de 1973 no Canadá, impedindo o transporte de madeira por rios e lagos, seguido de uma primavera chuvosa que prejudicou o abate de árvores;

d) inflação nos países desenvolvidos, gerando uma corrida para o aumento dos estoques, já que até então, com os preços baixos e o mercado vendedor, poucos se animavam a acumular;

e) crise do petróleo, provocando escassez e consequente valorização dos meios de transporte;

f) controle do meio ambiente (as usinas de papel são grandes poluidoras de cursos de água), tornando impraticáveis inúmeras fábricas e obrigando o fechamento de 134 pequenos e médios estabelecimentos fabris nos Estados Unidos, além de elevar o custo do papel aos US$ 25 por tonelada[3];

g) greves ferroviárias no verão de 1973 no Canadá, seguidas de outras no outono, nas próprias fábricas de papel, que até então trabalhavam com plena

---

1. Dados fornecidos pela Canadian Pulp and Paper Association.
2. Declaração do porta-voz da International Paper Co. (Estados Unidos e Canadá) à Associated Press, publicada em *O Estado de S. Paulo* em 12 de agosto de 1973.
3. Citado por Joelmir Betting na *Folha de S.Paulo* de 3 de agosto de 1973.

capacidade, isto é, 24 horas por dia, fornecendo dois terços da produção mundial de papel de imprensa[4].

Atrás dessas razões, no entanto, esconde-se a principal: preços irreais. No caso do petróleo, o preço irrisório resultava do sistema colonial de exploração; no caso do papel, da conscientização do fabricante quanto aos perigos de uma súbita alta, já que se trata de matéria-prima explosiva e politizada, e os seus consumidores (os jornais) são extremamente poderosos.

No Brasil, o problema tem cores mais graves: importamos 60% das nossas necessidades (250 mil toneladas em 1972)[5]. Mas a nossa demanda, que em 1973 foi de 270 mil toneladas para uma produção de 117 mil toneladas, em 1974 será de 313 mil toneladas para a mesma produção de 117 mil[6] [7].

O problema é que, não tendo havido aumento em nossa capacidade instalada, por falta de investimentos, os prognósticos em relação a uma autoemancipação são pessimistas. Segundo a Associação Paulista dos Fabricantes de Papel e Celulose[8], "a proteção tarifária inadequada é, no Brasil, um outro obstáculo ao desenvolvimento do parque nacional, cujo produtor está sujeito a todas as manobras desenvolvidas pelo produtor estrangeiro, que, nas horas da abundância, chega ao *dumping*".

O que não se disse, porém, é que as manobras dos produtores e distribuidores internacionais tiveram a cobertura de alguns jornais brasileiros, que se beneficiavam de uma diferença de preço – CIF (*cost, insurance and freight*) e FOB (*free on board*) – facultada pela nossa legislação[9] e depositada em dólares nos Estados Unidos.

Essas manobras impediram que a indústria nacional obtivesse os estímulos e incentivos para os gigantescos investimentos que uma nova fábrica de papel-jornal demanda (US$ 100 milhões).

Construiu-se assim a indústria da imprensa sobre uma ilusão de custos e uma leviana dependência do exterior. Agora, quando as fantasias se evaporam, desabam castelos de areia e de concreto.

---

4. Dados colhidos pela United Press International e publicados no *Jornal do Brasil* de 27 de janeiro de 1974.
5. *Química & Derivados*, novembro de 1973.
6. Dados fornecidos pela Indústria Klabin de Papel e Celulose, maior produtor de papel do país.
7. Segundo dados da ANJ, em 2006 o Brasil produziu 135 mil toneladas de papel imprensa e importou 410 mil toneladas, com consumo total de 545 mil toneladas. O custo médio do papel imprensa em 2006 era de US$ 617 por tonelada.
8. Declaração de seu presidente, Horacio Cherkassy, a *Química & Derivados*, já citada.
9. Portaria 214 da Superintendência Nacional de Abastecimento (Sunab), datada de 1965 e revogada em 1972.

Estima-se, em círculos otimistas, que a crise do papel de imprensa estará debelada em 1975, quando novas unidades fabris entrarão em produção e os estoques serão refeitos. A linha de *experts* mais pessimista argumenta que, quando isso ocorrer, teremos um contingente incalculável de novos consumidores de papel impresso, representado pelas novas gerações e pela população que a afluência trouxe para perto da comunicação escrita.[10]

O primeiro fator palpável que diferencia o subdesenvolvido do desenvolvido é, justamente, o consumo de informação impressa.[11] E, à medida que os países exportadores de produtos primários, pela valorização desses produtos nos mercados mundiais, melhorarem sua posição econômica – como agora está acontecendo –, tornar-se-ão maiores consumidores de papel impresso. Nesse momento, a crise que, nas condições de hoje, estaria resolvida, se agravará.

No Brasil, além do fato de termos mantido inalterada a nossa capacidade de produção de papel-jornal, por falta de garantias e estímulos, quatro outros fatores influirão no aumento da demanda: a) velocidade de alfabetização (2% ao ano); b) taxa de urbanização (7% ao ano); c) taxa de crescimento demográfico (2,9% no ano de 1972); d) crescimento do Produto Nacional Bruto (11,4% em 1973). O brasileiro consome 16 quilos de papel anualmente, contra 24 no México, 40 na Argentina e 271 nos Estados Unidos. Calculando que o consumo dos grandes jornais brasileiros aumente em 27% (estimativa de 1973) e considerando que os pequenos jornais mantenham inalterados tiragens e número de páginas, aumentará ainda mais nossa dependência do exterior, a menos que se crie o clima para atrair os maciços investimentos necessários para novas unidades e fábricas de papel e celulose.

Paradoxalmente, em matéria de reservas florestais, o Brasil navega de vento em popa. Nos últimos cinco anos, plantamos 2 bilhões e meio de árvores (pinho e eucalipto), numa extensão estimada de 750 mil hectares. Graças ao nosso clima, o ciclo vegetativo do pinho, por exemplo, é um terço mais curto que o dos pinheiros do Canadá ou da Escandinávia. Tudo indica que em 1980 estaremos em condições de anunciar autossuficiência de matéria-prima. Ficam faltando as fábricas. (No resto do mundo, sobre o qual já paira o espectro de

---

10. Até hoje o Brasil continua importando papel imprensa, produzindo apenas pouco mais de um quinto ou 20% do papel consumido. Em 1985, porém, fabricávamos 190 mil toneladas de papel-jornal e importávamos 70 mil (*Gazeta Mercantil*, 11 nov. 1985). Em 2006, a proporção era de 135 mil toneladas produzidas para 410 mil importadas. Ou seja, aprofundou-se a dependência em relação ao papel importado.
11. Wilbur Schramm, *Comunicação de massa e desenvolvimento*. Prefácio de Alberto Dines. Rio de Janeiro: Bloch, 1969. O apêndice de conclusões foi publicado previamente nos *Cadernos de Jornalismo e Comunicação* (Rio de Janeiro, Editora Jornal do Brasil, nº 1, 1965).

déficit alimentar, onde cada alqueire de terra produtiva é disputado pela agricultura e pela pecuária, o dilema árvores para celulose *versus* terra para comida ficará mais acirrado.)

E a demanda? Os jornais vão sucumbir? A mídia[12] eletrônica vai suplantar a impressa? Feliz ou infelizmente, apesar da consagração da televisão, os jornais diários crescem vertiginosamente. O jornal diário vive sua idade de ouro nos Estados Unidos e, como os fenômenos não são isolados, o mesmo ocorre no resto do mundo ocidental. Nos últimos três anos, o valor da publicidade em jornais americanos cresceu 27%, contra 22% na TV. Os diários absorveram, em 1970, 29,7% da verba de publicidade do país, e, em 1973, 30,2%. Nas compras de eletrodomésticos, os consumidores americanos tomaram suas decisões principalmente devido a anúncios em jornais, numa proporção de 56% contra 20% de anúncios em revistas, 14% em TV e 10% no rádio[13].

O mais interessante, porém, e que vem confirmar as teses expostas em várias passagens deste livro, é que sucedeu nos Estados Unidos um aumento espetacular na imprensa provincial. O consumo de papel dos jornais de cidades com mais de um milhão de habitantes cresceu 52%. Em cidades de 100 mil a 250 mil habitantes, o aumento foi de 62%, e naquelas com menos de 100 mil pessoas a expansão do consumo do papel atingiu o incrível percentual de 93%.[14] [15] Isso significa que a TV estimula os grandes jornais, que estimulam os médios jornais, que estimulam os pequenos jornais.

Pergunta-se: se os jornais crescem e o papel vegetal falta, por que não substituí-lo? Desde que Gutenberg aperfeiçoou o tipo móvel (*circa* 1450) e tornou viável a multiplicação da informação escrita, mantém-se firme o tripé papel-chumbo-tinta. O aperfeiçoamento da composição a frio e da impressão indireta (ofsete) retirou o chumbo do esquema, substituindo o que era um processo metalúrgico por um processo fotoquímico. A tinta, por sua vez, está na alça de mira, se bem-sucedidas as experiências de impressão eletrostática (xerográfica, em outras palavras). Apesar de servir de destaque para a impressão, a tinta é consumida em pequena quantidade, já que é o papel o veículo sobre o qual ela

---

12. "Mídia" é a grafia aportuguesada do latim *media* – meios –, usada no jargão de publicidade e comunicação em geral para designar os veículos. Plural de *medium*.
13. Dados fornecidos pelo Federal Reserve Board, dos Estados Unidos, e citados por Joelmir Betting na *Folha de S.Paulo* de 3 de janeiro de 1974.
14. Relatório da Universidade de Wisconsin, coordenado pelo professor John G. Udell, também mencionado por Joelmir Betting (*Folha de S.Paulo, cit*).
15. A tendência de alta nas tiragens e vendagens dos jornais norte-americanos reverteu-se drasticamente nos últimos anos. Isso evidencia como são efêmeras as tendências captadas em dados conjunturais. Para caracterizar um fenômeno, é preciso analisar os dados de uma perspectiva temporal.

contrasta. Apesar do seu preço crescente (utiliza vários derivados do petróleo), a tinta não chega a pesar na rubrica de matéria-prima.

Várias tentativas estão sendo feitas para que se utilize o papel sintético. O papel *plástico* é viável tecnicamente, mas sua aplicação é limitada e seu preço, proibitivo. Além do mais, pertence à cadeia de subprodutos petroquímicos. E hoje os hidrocarburetos são tão inacessíveis quanto a celulose vegetal.

A reciclagem do papel de imprensa (aparas de bobinas e encalhes) bem como a venda do livro usado serão soluções para as quais o mercado fatalmente se encaminhará. O reaproveitamento da matéria-prima para um segundo ou terceiro uso, processo comumente chamado de reciclagem, já é normal na indústria metalúrgica, de embalagens etc. A sociedade de consumo criou o flagelo do desperdício e do lixo. A crise do consumo vai encontrar formas de reaproveitá-los não apenas por economia de material, mas para solucionar o grave problema da poluição ambiental provocada pelas sobras.

No caso do papel – lixo nobre e limpo –, um esforço conjugado de industriais da comunicação impressa, autoridades, escolas e do público pode criar condições para o reprocessamento e um substancial reforço na oferta da matéria-prima. Se a água dos esgotos está sendo reutilizada para irrigar produtos não alimentícios, se o próprio lixo pode ser reaproveitado como adubo ou para gerar energia, o preço dos produtos impressos em papel conduzirá à nova mentalidade do reaproveitamento. A era do descartável, à qual o homem aderiu mas não se ajustou, pode, assim, ser superada.[16]

Nessa mesma direção, o mercado livreiro encontrará fórmulas para a redignificar o sebo, o livro de segunda mão. A roupa usada, sem necessidade ainda, virou moda. O livro lido e revendido – especialmente os escolares e didáticos – pode se transformar em uma tendência salvadora.

O papel de origem florestal permanece imbatível e insubstituível como veículo no qual é impressa a mensagem. O estrangulamento da sua produção não poderá alterar o conteúdo da nossa civilização, que é uma *civilização do papel*, dinâmica e perene. Os computadores, por exemplo, longe de economizá-lo, abriram novas faixas para o seu consumo, em alta escala, com as impressoras domésticas. A eletrônica e todos os seus milagres não podem deixar de usar o papel para registrá-los – a versão digital luminosa serve apenas para indicações breves e perecíveis.

---

16. Quando este livro foi escrito, a reciclagem ainda engatinhava. Trinta e cinco anos depois, é uma realidade em diversos processos produtivos, inclusive na indústria de papel.

Se, como se tentou demonstrar, a crise do papel não é sazonal, nem o papel vegetal substituível, e se o mundo cada vez mais tem necessidade de informação escrita, o que fazer?

Reformular e racionalizar. Reestudar a sistemática e a filosofia das indústrias que usam o papel como matéria-prima.

Em primeiro lugar, será necessário, heroicamente, proceder a uma reavaliação dos valores que entram nos custos dos produtos impressos. Do preço da publicidade ao custo dos exemplares, tudo terá de ser redefinido. Quando a inflação se tornou fenômeno obrigatório da economia mundial, gerando a deterioração de preços e valores, ficou claro que o custo do exemplar estava inferiorizado. Os estudiosos há anos reclamam do custo ínfimo do jornal.

Se, há vinte ou trinta anos – na fase liberal do mundo –, o preço irrisório do jornal representava a possibilidade democrática de todos compartilharem da liberdade de informação, agora, nestes anos duros – a fase dos regimes totalitários ou semi –, em que a independência de um jornal é essencial à sobrevivência da própria liberdade, é hora de um reexame do preço de venda.

Com os fósforos já fornecidos graciosamente, e depois do cafezinho, o jornal apresenta-se, junto com a passagem de ônibus de pequeno percurso, como um dos itens mais baratos. Acontece que cada edição de jornal é uma aventura em que se misturam coragem, determinação e espírito público, o que não se dá nem com uma xícara de café, nem com uma passagem de ônibus.

Um jornal mais caro será mais valioso e, por isso, mais defendido, querido, respeitado e importante.

Um jornal cujo preço represente uma opção séria em relação a outro produto ou serviço será mais que uma mercadoria que se folheia e se deixa de lado. Um jornal de dois cruzeiros em dias úteis e, digamos, três aos domingos representa 13 cruzeiros por semana, ou 52 por mês. Com essa quantia compram-se: dois quilos de filé, ou duas dúzias de latas de cerveja, ou um par de meias, ou 20 sabonetes, ou 20 quilos de arroz, ou 1 quilo de camarão graúdo. Ou 12 quilos de feijão. Tudo depende da importância e da essencialidade que se atribuem a esses produtos.[17] Mas se o negócio do jornalismo é caro, se a informação isenta e imparcial deve ser valorizada por um preço, esse preço tem de ser enfrentado, não pode ser escamoteado ao público. O leitor só reage ao aumento do preço de venda avulsa quando sente que o jornal não vale, quando percebe que os anúncios compram opinião e que esta se põe a serviço do poder.

---

17. Os preços foram mantidos na moeda corrente à época da edição original deste livro para que o leitor possa ter ideia do que se podia comprar com a mesma quantia necessária para adquirir um jornal por dia durante um mês.

Mas como atender àqueles para quem 52 cruzeiros são um quarto do salário? Simplesmente adotando uma escala de preços, sem a correlata queda nos padrões jornalísticos. No Brasil, jornal popular é jornal de baixo nível, mas existem formas de produzir jornais acessíveis às classes operárias sem recorrer ao crime, à morbidez, ao escândalo. Basta oferecer ao trabalhador aquilo que ele realmente deseja em seu jornal, sem demagogia, mas também sem lhe subtrair nada.

O jornal sangrento e sensacionalista é o substituto forçado do jornal que não pode ser verdadeiramente popular.

Novas tabelas de publicidade terão de ser engendradas. Os anúncios de grandes dimensões evidentemente devem ser taxados com mais ênfase em benefício dos pequenos, provindos daquelas empresas para as quais o pagamento de um quarto de página pode representar as vendas de todo um mês. A empresa que pode pagar a publicação simultânea do seu balanço, numa página dupla, em vários jornais, tem uma obrigação social com a pequena fábrica, muitas vezes dela dependente, que vai ao balcão de anúncios com o dinheiro em mãos para comprar uma nesga de espaço.

Se o preço dos classificados subir realisticamente em determinado jornal, abrem-se automaticamente perspectivas para classificados mais baratos, para mão de obra menos valorizada, em jornais mais populares.

Um anúncio para *office boy* num jornal "classe A" custa quase o salário de um *office boy*. Incompreensível não é esse preço, mas alguém aceitar pagá-lo com essa finalidade. Primeiro: o candidato a contínuo não lê jornal "classe A". Segundo: se o compra forçadamente, logo descarta o caderno do noticiário. Isso resulta numa imagem fictícia da sua circulação para efeito de diagnóstico do poder de consumo de sua audiência.

Informação e anúncio classificado funcionam no mesmo nível, elos de um mesmo processo. O mito dos jornais monopolizadores de pequenos anúncios pertence ao passado. Se o pequeno anúncio pode ser o suporte da independência de um jornal, é legítimo que todos dele possam servir-se.

O remanejamento de preços e da filosofia da publicidade obrigará igualmente os anunciantes a repensar sua estratégia, forçando-os a abrir o leque das suas verbas; surgirá assim a oportunidade para um número maior de veículos – algo essencial ao funcionamento regular da sociedade.

Aqui, entramos em outro tópico da vida econômica de um jornal. Até hoje, as equações econômicas pareciam estar montadas sobre três variáveis: papel, talento (isto é, jornalistas) e maquinaria. Com o papel barato e farto, estocava-se pouco e vendia-se papel impresso a preços vis. Ao talento, no Brasil, paga-se pouco, ou, quando se dá o contrário, o empresário consegue ressarcir-se de alguma maneira. As grandes somas de dinheiro destinavam-se sempre à amortização de dívidas decorrentes da compra de maquinaria e da construção de instalações. Acontece que, se antes da crise do papel a posse da infraestrutura industrial pela empresa editora já era discutível (na Europa, grandes jornais rodam em equipamento de outros), com o papel caro e incerto, levando à criação de grandes estoques, indaga-se sobre a oportunidade da compra de poderosas rotativas para jornais que certamente não terão tantas páginas nem grandes tiragens. Assim, graças à ânsia de, primeiro, comprar máquinas e, depois, montar o esquema econômico e jornalístico, acabamos no Brasil com uma excessiva oferta de impressoras instaladas e com situação ímpar de uma-empresa-um-veículo. No lugar das rotativas ociosas durante quinze horas por dia, seria ideal uma diversificação de produtos para dividir custos, valorizar a mão de obra empregada, criar mercados e opções para o público.

Em lugar de parar as rotativas[18], fazê-las rodar mais vezes. Não deixar que o mercado se estratifique, pois um mercado indolente não saberá reagir quando precisar ser fustigado. Em vez de limitar a qualidade do produto, subir o preço que se paga para tê-la. Um jornal com menos papel significa um jornal novo e melhor, e não apenas um jornal mais fino.

Aqui entrarão o talento, a criatividade e a imaginação do jornalista para produzir um novo tipo de veículo diário. A crise que não provocamos, mas que estamos enfrentando, só poderá ser superada com disposição renovada. E um jornal estruturalmente diferente – menos descartável pelo preço e menos desperdiçado pelo conteúdo – deverá significar uma alteração em todo o processo da comunicação. Nos sistemas humanos, nada ocorre isolada ou gratuitamente, tudo tem retorno e consequências.

---

18. "Stop the presses?" [Parar as rotativas?], artigo da *Newsweek* de 17 de setembro de 1973, sobre a crise do papel.

2. Um futuro sem choques

A história se altera em movimentos pendulares e a comunicação se desenvolve, ao longo dela, de forma idêntica. O vaivém ritmado e inexorável é, pelo menos, a melhor maneira de representar visualmente a dialética do crescimento-maturação-contenção dos processos históricos, sociais e, naturalmente, da comunicação humana.

Aplicando-se o princípio do desenvolvimento pendular à comunicação, percebem-se nele três tempos distintos. O primeiro ocorre quando se inventa ou se aperfeiçoa um veículo; nesse momento ele é seletivo, porque desconhecido. Depois de divulgado o seu uso, torna-se massificado para, finalmente, em nova fase, e evitando o desgaste, acomodar-se e conter-se outra vez. Tudo isso é, na realidade, o ritmo da tese-antítese-síntese concebido por Hegel.

Assim, cada veículo começa de forma restrita pelo simples fato de apresentar a introdução de nova tecnologia, desenvolve-se até converter-se, pelo uso, em veículo de massa para, depois, buscar audiências novamente restritas e dirigidas, porque o homem sempre procura uma forma singular de existir dentro do grupo.

Os exemplos desse pendularismo são inúmeros. Tomemos o caso do livro. Antes de Gutenberg, era veículo restrito e seletivo, baseado na reprodução manual de originais. O inventor alemão, graças ao seu tipo móvel, permitiu o desenvolvimento do livro a tal ponto que chegou à massificação. Hoje, com a crise do papel, sua própria saturação e a concorrência com outros veículos híbridos, o livro tende a conter-se e a reencontrar sua destinação original.

O caso do rádio: sua primeira fase foi, naturalmente, seletiva – era, afinal, a primeira máquina de comunicação, o primeiro equipamento, dos muitos que o sucederiam, a se introduzir no lar. Depois, com a miniaturização desses aparelhos, permitida pelo transistor e pelos circuitos integrados, o rádio transformou-se em veículo de massas. O fortalecimento da TV levou-o, no entanto, para o único caminho capaz de garantir sua sobrevivência: a emissão requintada do som, a frequência modulada ou FM. Monofônico ou estéreo, o FM é um veículo dirigido e restrito, porque o seu alcance é limitado.[1]

O curioso no processo pendular é que seus momentos tornam-se menores e sua cadência mais rápida à medida que o veículo entra no ritmo vertiginoso das mutações tecnológicas modernas. Assim, o movimento pendular do livro foi mais lento, já que ele é veículo antigo, com seiscentos anos no seu atual formato e mais de mil na sua forma manuscrita. Os movimentos do jornal já são menos lentos, mas incomparavelmente mais estáveis que os do rádio e da TV, frutos da nossa era veloz.

Acontece com a comunicação o mesmo que ocorreu com outras tecnologias, como a aviação, que nos seus setenta anos de existência sofreu alterações mais radicais que o navio nos seus milênios de vida.

Dispensam-se grandes especulações metafísicas para a compreensão de que o compasso da vida – os cortes epistemológicos[2] e as fases – é encurtado pela própria velocidade imprimida às novas tecnologias. Se toda a nossa inventiva estiver montada visando combinar tempo e espaço graças à velocidade, esta influirá decisivamente na própria duração de cada período.

Esse raciocínio explica o fato de que a TV, lançada como veículo logo após a Segunda Guerra Mundial, passou numa rapidez incrível da fase 1, seletiva, para a fase 2, massificada, e que hoje, ainda não inteiramente sazonada, já mostre os primeiros indícios da reversão. A prova é o seu encaminhamento para soluções dirigidas, como a TV por cabo, videocassetes etc.

---

1. O avanço tecnológico, mais ainda com o advento da internet e rádio digital, foi responsável pela superação das grandes diferenças existentes entre as frequências de rádio.
2. "A ciência se caracteriza pela descontinuidade, por rupturas ou cortes [...]. A noção do corte epistemológico designa, pois, o ponto a partir do qual uma ciência começa, ou seu ponto de não retorno." Luís Alfredo Garcia-Roza, em *Psicologia estrutural em Kurt Lewin*. Petrópolis: Vozes, 1972.

O cinema igualmente passou, num curto período de quarenta anos, pelas duas fases características, e agora encontra sua validade como veículo seletivo. A produção atual de filmes, extremamente qualificada, e as salas de espetáculos pequenas, com a tendência retrospectiva significando muito mais que simples nostalgia, provam que o cinema tornou-se qualitativo e restrito.

O movimento aperfeiçoamento-acomodação dos processos de comunicação demonstra, antes de tudo, que eles são imperecíveis. Veículos não se extinguem, transformam-se. O ser humano, tão volúvel no seu relacionamento com o instrumental do progresso, no caso da comunicação parece apegar-se. Isso é facilmente explicado porque a comunicação faz parte da condição humana. Ainda no caso da aviação, verifica-se que o motor a pistão foi definitivamente enterrado pela turbina, mas a voz não substituiu o gesto, nem o livro foi destruído pela TV em cores, nem o jornal pelo rádio, nem o cinema pela TV.

A perenidade é muito mais do processo como um todo que de seus veículos separadamente. A própria comunicação, faculdade inerente ao homem, se eterniza e faz subsistir seus instrumentos.

A adoção do alfabeto, na Grécia, primeira grande revolução no processo de comunicação, criou uma celeuma entre os filósofos da época, que consideravam a introdução da escrita um golpe mortal em nossa capacidade de memorizar. A memória era, então, o único recurso para vencer o tempo. Veja-se o que disse Sócrates em *Fedro*: "A descoberta do alfabeto criará o esquecimento na alma dos alunos porque eles não usarão suas memórias; confiarão em caracteres escritos externamente e não lembrarão por si mesmos [...]. Daremos aos nossos discípulos não a verdade, mas a impressão de verdade [...]"[3].

Apesar do saber de Sócrates, a memória não se extinguiu de todo, nem o homem deixou de aprender a verdade pelo simples fato de se interpor entre ele e o conhecimento um código escrito.

Houve uma acomodação e uma adaptação à nova tecnologia. Se a capacidade de memorizar palavras perdeu parte da sua importância no processo intelectual, em compensação a imaginação passou a representar relevante papel quando se criou a possibilidade de evocar imagens e conceitos por meio da palavra escrita.

De novo deparamos com McLuhan[4], que declarou que cada nova tecnologia cria uma nova ambiência para o homem. E, nessa nova ambiência, ele reproces-

---

3. Marshall McLuhan e Quentin Fiore, *The medium is the message: an inventory of effects*. Nova York: Random House, 1967.
4. Marshall McLuhan, *Os meios de comunicação como extensões do homem*. São Paulo: Cultrix, 1969.

sa as tecnologias anteriores, adaptando-as e recondicionando-as à nova situação. O pensador canadense conclui dizendo que uma nova tecnologia de comunicação transforma a anterior numa forma de arte e mostra que a TV consagrou o cinema como manifestação artística.

O processo é, portanto, global. Qualquer alteração em uma das partes faz que o conjunto se movimente. Todos os sentidos e faculdades humanas se inter-relacionam, assim como todos os canais ou veículos dependem uns dos outros. É por essa razão que um comunicador, depois de pequeno treino, estará apto a trabalhar em jornal, revista, rádio ou TV, porque na realidade sua capacidade é a de comunicar-se. A forma ou o estilo com que o faz é elemento secundário.

O aparecimento ou fortalecimento de um veículo determina que todo o processo seja afetado. Essa flexibilidade, essa capacidade de deslocar-se e reajustar-se da estrutura comunicativa torna-a indestrutível, como torna seus veículos imperecíveis.

Na evolução da comunicação, outra constante cíclica pode ser observada: a característica espacial, que diz respeito aos formatos da veiculação. Sendo a roda a representação da velocidade, cada veículo ou processo de comunicação passa primeiro pela fase plana e, depois, ao aperfeiçoar-se para ganhar velocidade, adota a forma apropriada, circular.

Veja-se, por exemplo, a primeira fase da impressão, totalmente plana; depois, quando se pretendeu alcançar maior velocidade, adotou-se a rotativa, arredondamento, levando ao processo industrial.

Utopias são possíveis quando se olha para trás. O homem encontrou a forma velada de camuflar quimeras por meio da sua capacidade de desejar outras, mais aperfeiçoadas. Isso resulta em um vaivém dito pendular, mas condiciona o movimento da humanidade ao princípio otimista de que cada mutação é uma melhoria.

No decorrer da sua existência, o homem enfrenta e tenta dominar as suas dimensões básicas: tempo e espaço. A história da comunicação é, na realidade, um reflexo da ânsia humana de conquistá-los ou combiná-los.

3. Em busca do tempo controlado

....

Um jornal se constrói com paciência e se destrói com um gesto de impaciência. O prestígio de um veículo jornalístico monta-se ao longo de anos, mas pode ser liquidado em uma única edição. Qualquer jornalista experimentado sabe disso, consciente ou inconscientemente. Em jornalismo, não existe a permanência, mas a persistência. Um visitante despreparado se surpreende ao entrar pela primeira vez em uma redação de jornal. Não imagina encontrar, no dia seguinte, um jornal tão organizado, sistematizado e acabado.

O visitante não sabe que o jornalismo é a ordenação da novidade, rotinização do inesperado. Ou seu corolário: a quebra intencional e programada das normas, para despertar a atenção pelo contraste.

O jornalista trabalha com rapidez para completar cada edição, mas aquela edição se completa com as seguintes até o infinito. Essa noção do tempo distendido, intercalada com o tempo sincopado, faz parte do comportamento físico e psíquico do jornalista.

A paciência dentro da periodicidade é como o processo do conta-gotas: cada porção é minúscula, mas todas são importantes para atingir o resultado final.

Tudo isso não passa de estilização da antiquíssima perseguição – tão velha como a condição humana – que o ser pensante move contra o tempo. Para sobreviver ao tempo e deslocar-se no espaço, o ser humano empregou toda a sua inteligência e disposição. Também na comunicação – surgida como instrumento de sobrevivência –, procurou o homem criar formas e mensagens que superassem aquelas barreiras.

Se desenhos nas cavernas são a mais antiga ou, pelo menos, a mais primitiva demonstração da sua luta temporal, batidas de tambor ou sinalização por fumaça são os primeiros indícios do seu empenho para vencer distâncias por meio da informação.

Para existir e resistir, o animal humano depara com elementos que nenhum outro animal enfrentou: tempo e espaço. Penso, logo existo, conceituou Descartes. Existo, logo me comunico; comunico-me, logo desdobro-me no tempo e espaço, diríamos.

Assim, estabeleceram-se para o processo da comunicação dois sistemas de medição – o temporal e o espacial, que refletem as duas resistências básicas.

Consciente disso, o professor Wilbur Schramm, talvez o mais importante estudioso da comunicação aplicada, na introdução a Joseph Klapper[1], parte da existência dessas duas dimensões para classificar os canais de comunicação. Teríamos veículos temporais, espaciais e mistos. Segundo Schramm, os veículos temporais seriam aqueles cujas mensagens são organizadas dentro da noção de tempo – vencendo, portanto, a distância –, tais como o rádio e a comunicação telefônica, isto é, os puramente sonoros. Já os veículos espaciais seriam aqueles cujas mensagens resistem ao tempo, tais como impressos, cartazes, arquitetura e desenho industrial.

Finalmente, os veículos mistos ou temporais-espaciais combinariam as duas noções. São os veículos modernos, velozes, movidos a eletricidade, como o cinema, a TV, os audiovisuais em geral. Em função dessa classificação, é preciso que os jornalistas, sobretudo os da mídia eletrônica, tomem cuidado com o uso da palavra "espaço" – que, durante longa temporada, integrou a lista dos chavões e clichês utilizados *ad nauseam*. Não se pode dizer na TV ou no rádio que "estamos abrindo *espaço*", por mais que se queira ficar na moda; o certo é dizer *tempo*. Em TV não há espaço; mesmo o do estúdio chega ao espectador na forma de tempo.

Os veículos ou canais temporais são diretos, não usam intermediação, nem códigos, sendo baseados na voz humana ou na figura humana. A emissão é simultânea com a recepção. Por isso, também, não são duradouros, com imagens fugazes.

Os veículos espaciais, por sua vez, utilizando-se de intermediários e de códigos, são indiretos. Podem ser reproduzidos a qualquer hora com tiragens ilimitadas, transportados para qualquer lugar, revistos quando se quiser, mas não

---

1. Wilbur Schramm, *The process and effects of mass communication*. Urbana: University of Illinois Press, 1954.

oferecem a simultaneidade dos canais temporais, nem a força do veículo que repousa na figura humana.[2]

Baseados em considerações feitas no que diz respeito ao currículo de "Teoria da Comunicação", concluímos que, além da chave da dimensão, uma outra pode ser acrescentada para classificar os canais de comunicação. Seria a chave do meio empregado para se comunicar. Assim, teríamos:

a) o próprio homem (a voz, os gestos, a figura);
b) a utilização do ambiente (sinalização urbana em geral);
c) os meios artificiais ou os veículos propriamente ditos (jornal, rádio, TV).

Seguindo o raciocínio expresso no capítulo anterior, sobre o movimento pendular de ida e volta, teríamos uma reversão permanente, como acontece neste momento em que, depois de atingida a etapa veicular, voltamos a empregar também as formas primitivas do homem e do ambiente como meios: o uso do vestuário como forma de comunicar-se é, na verdade, a volta da figura humana como meio de comunicação. Por sua vez, o emprego da arquitetura, dos sinais de tráfego e dos cartazes é a volta à utilização do ambiente como veículo.

Pergunta, então, o profissional de jornal ou o estudante em vias de profissionalizar-se: de que adiantam essas considerações? Servem para dizer que tempo e espaço não são dimensões remotas para os teóricos da comunicação, mas elementos presentes no trabalho cotidiano.

Nenhum veículo emite permanentemente. Mesmo que possamos ter estações de rádio ou TV transmitindo 24 horas por dia, o ser humano tem interrupções para repouso, alimentação e trabalho. Esse ciclo humano, que são os dias ou as fases do dia, fornece o ritmo para os veículos.

Essa cadência de tempo chama-se periodicidade. O jornalista deve assimilar a periodicidade do seu veículo, ou seja, deve incorporar ao seu comportamento a noção temporal fornecida por essa periodicidade. Um veículo mensal oferece um intervalo e, por conseguinte, uma noção temporal radicalmente diversa daquela do jornal[3]. A comunicação por intermédio de um sistema de periodici-

---

2. Schramm indica, como formas de classificar a mídia, além da dimensão tempo-espaço, as seguintes: a) velocidade (o tempo em que a mensagem pode atingir sua audiência); b) permanência (duração da mensagem); e c) participação (número de pessoas envolvidas no processo).
3. Nota à 4ª edição: Não se trata de ritmo de trabalho, mas da duração da emissão. Um semanário, fechado dois dias antes de ir para as mãos do leitor, deve continuar atual pelo menos durante o tempo em que circular. De um mensário, fechado em geral com dois meses de antecedência, espera-se que permaneça efetivo durante todo o tempo em que estiver em oferta na banca, o que torna o trabalho em revistas muito mais complicado e criativo.

dade rápida, como o jornal, é um processo quase contínuo. Nesse caso não se pode dizer que uma edição está fechada, pois enquanto a máquina estiver rodando deve o jornal ser alterado para receber as novas notícias ou os desdobramentos daquelas já compostas. E, afinal, quando acabou a tiragem e as máquinas estão sendo limpas, começa a equipe seguinte a preparar a suíte, ou continuidade, à edição que já está nas ruas.

O jornalismo diário é um processo conjunto a interligar cada edição. A qualidade e as características de um jornal são contínuas e superam a barreira das 24 horas. Todo jornal continua amanhã. Um título conduz ao texto, que leva a outro título, que, por sua vez, faz virar a página, e assim por diante, até a edição do dia seguinte.

É por causa da periodicidade que os veículos têm logotipos, estilos de paginação, marcas, personalidade, linhas de conduta, coerência. O sucesso de uma edição, para ser mantido vivo, exige o sucesso da edição seguinte. Foi por essa razão que no *Jornal do Brasil* cunhamos a expressão *qualidade média*, isto é, a criação de padrões permanentes de qualidade que superassem os grandes rasgos ou os obscuros dias de falta de assunto.

Jornal diário é uma *Gestalt*[4], uma forma única que começa no primeiro dia da sua circulação e continua vida afora. Assim como as seções devem aparecer em páginas determinadas, em cantos fixos, com formas próprias, também é imprescindível que um jornal – dentro da sua indispensável independência de opinião – tenha uma linha de pensamento que em seus aspectos gerais seja homogênea e coerente.

A edição isolada não é um produto em si. O conjunto das edições – e sua unidade – é que compõe o produto.

Quantos jornais despencaram do auge de seu prestígio e circulação simplesmente porque quebraram abruptamente a sua linha, isto é, descontinuaram no tempo? Não estão muito longe os dias em que o glorioso *Correio da Manhã*, o mais importante matutino brasileiro até o início dos anos 1960, jogou-se numa série de fantásticas alterações em sua orientação política que terminaram por transformá-lo no fantasma em que se transformou[5].

---

4. A *Gestalt* considera os fenômenos psicológicos um conjunto autônomo e indivisível. Essa teoria foi criada pelos psicólogos alemães Max Wertheimer (1880-1943), Wolfgang Köhler (1887-1967) e Kurt Koffka (1886-1940) no início do século XX. Funda-se na ideia de que o todo é mais do que a simples soma de suas partes.

5. O *Correio da Manhã*, fundado por Edmundo Bittencourt, foi publicado no Rio de Janeiro entre 1901 e 1974. Deixou de circular após ser asfixiado pela prisão de sua proprietária, Niomar Moniz Sodré, e dos principais redatores e por falta de verbas publicitárias – os anunciantes se intimidaram com as pressões do regime militar instalado no país em 1964.

Em outro sentido, é digna de nota a atitude tomada por *O Globo* quando, ao voltar-se contra o então governador da Guanabara, Carlos Lacerda, teve o cuidado de manter a cobertura dos assuntos da cidade, sua característica. Muitos jornais teriam colocado a cobertura dos assuntos urbanos na "lista negra" (instituição que infelizmente ainda sobrevive na imprensa brasileira e que só serve para fortalecer a lista negra externa, isto é, a censura). Se *O Globo* tivesse cancelado a cobertura da cidade, teria traído uma tendência já assimilada, aceita e exigida por seus leitores.

Esse compromisso com o tempo, característica dos veículos espaciais, faz do jornal um veículo fascinante. Dentro dos grandes cânones, as linhas mestras sobre as quais o jornal foi construído, tudo é relativo, tudo é momentâneo, tudo é circunstancial. O jornalista trabalha simultaneamente contra o tempo e a favor do tempo. A velocidade e a rotina são os dois polos quase absurdos em que ele monta seu mecanismo de ação.

Aqui entram o inconformismo, a criatividade e a imaginação do jornalista. Montgomery Curtis, veterano jornalista americano, que na Columbia University dirigiu os seminários do American Press Institute, dizia que o bom jornalista deve perguntar-se todo dia ao acordar: "Que devo fazer para que a edição de amanhã seja melhor que a de ontem?"

Uma edição, seu sucesso ou seu fracasso, seu acerto ou seu erro, tudo dura exatamente 24 horas. No dia seguinte, o que houve de bom ou de ruim na edição anterior volta à estaca zero para ser refeito, consertado ou engrandecido. Isso tanto se aplica à qualidade da informação jornalística como à própria estruturação, organização e aparência do jornal.[6]

Para o repórter, essa noção temporal é importante, especialmente quando ele trabalha em um veículo de periodicidade rápida como o jornal. A matéria de hoje deve estar conectada – ainda que por uma ágil oração intercalada – com a matéria de ontem. O leitor não consegue guardar todos os detalhes da notícia, e, com a velocidade das informações, sua capacidade de fixação se dilui ainda mais. Por essa razão, o repórter deve adotar uma atitude referencial e paciente, embasando cada informação nova com a devida complementação, ainda que tal informação já tenha sido registrada em dias anteriores. O leitor não tem

---

6. Nota à 4ª edição: Samuel Wainer dizia durante suas célebres "broncas" e tiradas que erros de uma edição consertam-se nas seguintes. O mesmo vale para os méritos e acertos. Mas a sucessão de erros pode somar-se, ultrapassando o dia a dia e consolidando-se numa imagem geral negativa. Isso é fatal. Ao contrário do que muitos jornalistas pensam, o leitor tem memória, tem gosto, tem critérios e níveis de exigência. O vale-tudo é muito próprio daqueles que não passaram pelo "treino de devoção" das escolas de jornalismo.

obrigação de arquivar as informações com o zelo do jornalista, e pode ser que ontem, quando pela primeira vez a notícia foi veiculada, ele não tenha lido o jornal.

No processo da comunicação diária, cada leitor deve ser tratado como se estivesse tomando conhecimento do assunto naquele instante; isso impedirá que se sinta alijado ou tenha a sensação de que está fora do processo.

Quanto mais intensa for a periodicidade, mais intensa deve ser a preocupação com a ligação temporal. É por isso que um jornal diário deve ter grandes compromissos com a sua continuidade, tanto na aparência quanto no estilo, ou na sua linha de pensamento. Uma revista semanal, menos; uma mensal, menos ainda.[7]

As bruscas alterações num jornal são desastrosas. O *The New York Times* passou por uma alteração tipográfica ao longo de anos, a fim de que ela fosse tão sutil que não chamasse a atenção de suas centenas de milhares de leitores tradicionais, que exigem um jornal de fisionomia fiel a si mesmo e contínua. A revista *Time* modificou o desenho da sua tipologia e, se não o anunciasse, poucos teriam notado. Mas não deixou de fazê-lo, para satisfazer aquela parcela atenta que receberia a modificação com desconforto.

Nesse sentido, podemos trazer duas experiências pessoais relevantes. A primeira foi a revolução total que fizemos no falecido *Diário da Noite*, do Rio de Janeiro. Quando assumi sua direção, em março de 1960, o jornal agonizava. Dos 100 mil exemplares que ostentara anos antes só restavam minguados 8 mil. O famoso jornal impresso em papel verde não conseguira sobreviver ao embate dos dois gigantes vespertinos, *Última Hora* e *O Globo*.

Aqui convém ressaltar o mérito de Samuel Wainer na modernização da imprensa brasileira, especialmente a vespertina, alterando o quadro de então. Para competir com o *Última Hora*, os jornais buscaram a modernização do seu equipamento, da sua aparência, maior qualificação profissional, novas técnicas promocionais, novas faixas de cobertura. O *DN*, como aliás toda a cadeia dos Diários Associados, fundada por Assis Chateaubriand, não acompanhou a modernização. Havia passado por uma série de reformas (a primeira empreendida

---

7. No caso das revistas – porque sua periodicidade o permite –, uma descontinuidade pode ser até salutar em momentos de crise. No Brasil, onde o mercado de revistas ampliou-se consideravelmente, tornou-se técnica usual alterar completamente o sentido de uma publicação. *Desfile*, que tinha sido um jornal ilustrado semanal, passou a ser uma revista mensal feminina de alto luxo. Na Editora Abril, o exemplo marcante é *Realidade*, revista mensal de interesse geral, mas destinada ao leitor "A", que foi reformulada para transformar-se em revista mensal de interesse geral para o leitor B/C, do tipo *Reader's Digest*. Revistas, de modo geral, permitem a técnica da "nova embalagem", o que em jornal é mais difícil.

por Nahum Sirotsky, outra pelo trio Maia Neto, Erasmo Nascentes e Josué Guimarães) que poderiam ter sido bem-sucedidas não fosse a falta de perseverança da empresa, ansiosa por resultados imediatos – essa união de impaciência e onipotência de proprietários de jornais tem levado muitos veículos ao desatino. O *DN* estava saturado de pequenas reformas.

Não restou então alternativa senão propor uma reforma radical de aparência, estilo e conteúdo. Era a injeção de óleo canforado no agonizante: levantaria suas forças ou o levaria a sucumbir. Projetamos um tabloide no estilo dos ingleses *Daily Mirror* e *Daily Express*. Paginação de revista, textos curtos e vivos, linguagem animada e coloquial.[8] A experiência durou dois anos, e em alguns momentos o jornal chegou a vender 40 mil exemplares, notadamente durante a campanha para salvar Caryl Chesman da cadeira elétrica e na memorável empreitada para desmoralizar e processar os responsáveis pela "imprensa marrom"[9].

Essa reforma radical liquidou o jornal ou lhe deu alento para viver com certa glória mais dois anos e só depois expirar? Confessamos nossa incapacidade para julgar o episódio e deixamos a conclusão ao pesquisador.

A outra experiência foi no próprio *Jornal do Brasil*. Assumi o cargo de editor-chefe no dia 6 de janeiro de 1962, uma segunda-feira. Dias antes, o diretor do jornal, Manuel Francisco do Nascimento Brito, dissera-nos: "Quero, na terça-feira, um jornal completamente diferente". Ao que respondi: "O *JB* será um jornal diferente dentro de poucos anos. Agora é impossível". Na 1ª edição sob nossa responsabilidade, a única alteração foi o fio de paginação sob o logotipo para prendê-lo ao alto da primeira página. Mas onze anos e onze meses depois, seguramente, tínhamos um jornal bem diferente.

Nesse período, cunhamos alguns conceitos que se converteram em normas de serviço. Durante um seminário com alunos da Escola de Desenho Industrial,

---

8. Nota à 4ª edição: O *DN* foi a última experiência de *design* popular continuando em outro estilo a linha de jornais "abertos" que os diagramadores argentinos haviam trazido ao Brasil na década de 1950. A partir do *DN* o *design* elitizou-se – nossos veículos populares simplesmente carecem de uma concepção visual adequada, desprovidos de feições apropriadas. Contrassenso, porque o *design* objetiva precisamente tornar mais visível e atraente o aspecto de um produto, industrial ou jornalístico.

9. Aqui vale dirimir uma dúvida "histórica". A expressão foi cunhada pelo então chefe de reportagem do *Diário da Noite*, Francisco Calazans Fernandes, que sugeriu usar uma cor mais forte – o marrom – para designar a "imprensa amarela" (*yellow press*), termo comum no jargão jornalístico ocidental. O *DN* passou a adotá-la, sendo logo seguido pelos demais jornais e jornalistas que deram cobertura à campanha e permitiram o seu êxito. Assim, só no Brasil o fenômeno da imprensa amarela ganhou a tonalidade marrom.

para a formação de novos paginadores, estabelecemos a doutrina visual de que "as modificações diárias introduzidas por novas situações devem convergir para um padrão imaginário e uniforme, assim como ocorre com os projetistas da Rolls-Royce ou da Mercedes, que fazem suas inovações tendo em mente certas premissas básicas".

A criatividade diária deve conter-se em limites e parâmetros muito bem definidos e delineados. Há uma ordem na ebulição da imaginação, uma linha costurando as edições de cada dia, compondo uma meta dinâmica que o jornalista deve perseguir mentalmente.

Com isso, evita-se a rotinização, muito comum em jornais cujas fórmulas tiveram sucesso. Se deu certo, por que mudar?, argumenta-se. Em geral, a tendência é a estratificação da fórmula mágica, mas a mágica de hoje não serve para amanhã. Quando um jornalista diz que não há mais nada a fazer dentro de uma redação ou de um jornal, chegou o momento de refazer tudo ou submeter a figura em questão a um processo de reestímulo ou reciclagem.

Ao se falar em estilo e modelos deve-se, no entanto, reafirmar que o jornalismo é a busca da circunstância nova. E o contraste com as edições anteriores é um dos elementos para *despertar a atenção* (esta, a primeira etapa do processo de comunicação).

Em setembro de 1973, no dia em que Salvador Allende foi derrubado da presidência do Chile, suicidando-se em seguida, a censura proibiu os nossos jornais de dar em manchete, como seria natural, o trágico desenlace. A "recomendação" chegou-nos quando já havia uma primeira página clássica armada. Que fazer? Para não cometer o erro primário de colocar o fato principal em segundo plano e para evitar complicações com o órgão censório, inventamos a fórmula de uma primeira página sem manchete nem título, com apenas um texto sobre o acontecimento, composto em tipos grandes e fortes. A edição, mesmo sem títulos, despertou a atenção pelo contraste e foi um sucesso.

Essas mesmas considerações sobre tempo e continuidade valem para a veiculação eletrônica. Uma emissora de rádio também constrói as marcas que vão identificá-la e integrar o ouvinte em seu clima. O ouvinte espera uma caracterização sonora da emissora para localizá-la mais facilmente no dial. E tal caracterização compreende timbre de voz dos locutores, tipo de música, vinhetas musicais ou certas marcas periódicas, como a indicação da hora ou outra informação utilitária.

Em TV, a personalização é mais fácil, mas também necessária, especialmente nos intervalos comerciais. Aplica-se o princípio da continuidade até em capas de livros – ainda que cada título seja diferente, eles devem traduzir visualmente a personalidade da editora ou da coleção.

A ordenação, num veículo de comunicação, é a noção do tempo devidamente compreendida. Uma mensagem e um veículo são resultados do esforço para sobreviver ao tempo. Uma ruptura sem sentido ou uma descontinuidade absurda sobressaltam e inquietam o leitor, o ouvinte ou o espectador. A comunicação periódica consiste justamente em conduzir o público em um processo temporal, tranquilizá-lo durante suas mutações. Submeter sutilmente a audiência a aperfeiçoamentos, despertar e satisfazer sua curiosidade, conduzi-la insensivelmente para a descoberta de circunstâncias novas é o caminho certo – e não traumatizá-la com choques violentos. O leitor é a meta prioritária e absoluta do processo jornalístico, não pode ser prejudicado.

4. O leitor, princípio e fim

Jornalista escreve para jornalista ler. A afirmação de Joseph Klapper[1] é geralmente aceita nas redações de jornais em qualquer parte do mundo. O repórter escreve para o chefe da reportagem, que submete o texto ao copidesque, que o leva ao secretário, que publicará ou não a matéria, dependendo do que ele infere dos gostos do diretor do jornal. Atrás da observação esconde-se um circuito de sistemas um pouco mais complexos.

O jornalista que escreve e o jornalista que lê e aprova um texto são parte de um processo, denominando-se, na teoria da comunicação, *emissor* e *receptor*; nas ciências sociais utiliza-se o termo *universo*. Cada emissor é simultaneamente um receptor e vice-versa, o que caracteriza o sistema como múltiplo, funcionando em todas as direções.

O jornalista e o leitor, assim, fazem parte de um mesmo bolo social; são, em última análise, a mesma coisa. É por essa razão que não se pode dizer que a imprensa de determinado país ou região é ruim ou boa. Ela é reflexo e segmento da própria sociedade a que serve. Jornalista e leitor são os que melhor se entendem e sintonizam, pois se os primeiros são treinados para sentir as necessidades do último, este foi domesticado para receber aquilo que certamente lhe agradará. Jornalista é o leitor em função de emissão.

---

1. Joseph Klapper, *Behavioral sciences and the mass media*. Nova York: Russell Sage Foundation, 1968.

Dessa forma, o leitor e quem o ausculta – o jornalista – são os intérpretes do processo jornalístico. Isso explica por que nas empresas maduras, especialmente no exterior, nos setores de apoio e comercialização, estão sempre presentes ex-jornalistas, o que equivale a dizer jornalistas. Um gerente de circulação, um gerente de classificados (ou de publicidade) pode ter boa formação específica, mas sua percepção será maior quanto maior for sua vivência dentro de uma redação. Em geral, a redação é o celeiro para fornecer os melhores executivos de uma empresa de comunicação.

O leitor, o ouvinte ou o telespectador são, na realidade, os verdadeiros proprietários dos veículos. Os acionistas são os detentores da razão social da empresa. Mas a instituição tem um compromisso com o seu público a tal ponto que não pode, impunemente, desgarrar-se desse vínculo.[2]

É o leitor que escolhe o estilo, a orientação e a linha dos respectivos jornais. A exceção se nota nos países onde não existe opção de veículos, situação em que a alternativa única é imposta. Mas em ambientes de múltipla escolha, em que o leitor tem a faculdade de selecionar o veículo que mais se ajusta à sua forma de ser, ele se afasta se algo muda sem sua aprovação.

O leitor não é fato isolado e singular, é fração de universo. O que acontece com um leitor está acontecendo simultaneamente com o conjunto que ele representa. É por isso que a seção "Cartas dos Leitores" tem tamanha importância num jornal, pois não atende apenas àqueles que se armaram de paciência e coragem para escrever ao periódico, mas a todos aqueles que não tiveram a mesma disposição mas assim pensam.[3]

---

2. Nota à 4ª edição: Quando cheguei, o *JB*, como de resto a imprensa, não publicava cartas dos leitores, a não ser os famosos "A pedidos", em geral pagos. Resolvemos publicar uma carta por dia ao pé de um artigo na página de opinião e logo, diante do número de cartas, ampliamos o espaço para um quarto daquela mesma página. A Editora Abril tem hoje um sistema pioneiro de atendimento ao leitor pelo qual cada carta recebida é registrada e encaminhada à direção, obtendo, no mínimo, uma resposta padronizada. Os encarregados de executar o programa, apelidados de "carteiros", são egressos das escolas de comunicação que passam por um curso profissionalizante na própria empresa. Assim, dão seus primeiros passos na carreira realmente a serviço do leitor. Depois, são naturalmente absorvidos pela redação e, seguramente, serão repórteres ou redatores mais sensíveis aos reclamos das audiências. Na revista *Veja*, as cartas são examinadas e agrupadas por edição e tema, servindo de amostragem da opinião dos leitores sobre matérias, capas, angulações. Se quisermos algum dia sistematizar na imprensa brasileira a figura do *ombudsman* – mediador – podemos começar atribuindo-lhe a função de selecionar e responder às cartas, colocando-se assim como intermediário *de facto* entre leitor e veículo.

3. Nota à 4ª edição: Esse parágrafo provocou grande celeuma no patronato jornalístico quando da 1ª edição, atribuindo-se ao autor intenções subversivas, sendo por isso severamente punido por algumas empresas, como se as tivesse realmente pregado. O leitor facilmente entenderá que qualquer veículo jornalístico, apesar de inevitavelmente propriedade privada, tem compromissos

Uma boa prova da vinculação entre público e jornal foi oferecida por uma pesquisa de alunos da PUC-RJ, em 1966. Por minha sugestão, realizaram uma análise comparativa do conteúdo do vespertino carioca *A Notícia*, escolhendo uma edição daquele ano e outra do mesmo dia quatro anos antes, para confronto. Verificou-se que houve uma sensível modificação no perfil do jornal: mais notícias internacionais, mais notícias científicas, mais notícias sobre a vida da cidade. Em quatro anos, apenas, o jornal mudara substancialmente seu conteúdo, guardando, é claro, suas características fundamentais. Levamos o resultado da pesquisa ao proprietário de *A Notícia*, o então governador da Guanabara Chagas Freitas, que se surpreendeu agradavelmente com os resultados. E o interessante é justamente isto: não tinha havido uma ordem para que se processasse a transformação. Fora o leitor que, melhorando de nível, graças ao processo de aculturação global, passou a exigir mais do jornal, e *A Notícia* sutilmente o acompanhou, fornecendo aqueles novos padrões.

Afinal, o que quer o público? Existem tipos clássicos de mensuração para apurar o tipo e o gosto dos leitores: a) pesquisa de audiência para determinar as suas dimensões; b) pesquisa de mercado para definir o perfil econômico e social (e, daí, psicológico) dos seus componentes. Hoje, acrescentou-se novo tipo de pesquisa ainda pouco praticado no Brasil: a editorial, realizada por jornalistas na base de entrevistas pessoais com leitores para descobrir o que leem e como reagem a isso.

Afora essas fórmulas estatísticas para o esclarecimento do mistério que envolve o comprador do produto jornalístico, há alguns meios para desenvolver a *percepção do tipo de leitor* que pretendemos atingir. São meios empíricos, é verdade, mas, combinados com métodos estatísticos e matemáticos, compõem um quadro aferidor razoavelmente completo.

A primeira sugestão me foi dada em 1959, no *Última Hora* (Rio), pelo falecido jornalista Luís Mendes Costa[4], que aconselhava: "Crie um leitor imaginário composto de partes que você conhece de leitores do seu jornal e depois destine o jornal a ele".

Outra sugestão é a da observação direta, em bancas de jornais, das pessoas que compram o veículo que, no momento, nos interessa. Como são, como se

---

maiores com o interesse público, ao qual deve servir fielmente para constituir-se numa operação lucrativa e confiável. O leitor bem atendido torna o acionista satisfeito. O processo jornalístico em si é intensamente competitivo. Retirar dele esse atributo e essa condição, colocando-o nas mãos do Estado, de fundações ou de sindicatos significará extrair dele um de seus estímulos e características fundamentais.

4. Famoso repórter, mais tarde secretário do *Última Hora*. Foi o criador e o responsável, durante muitos anos, pela coluna "O Dia do Presidente" naquele vespertino.

vestem, como falam e como se comportam esses compradores isolados são respostas que permitem a formação de uma imagem se não socialmente definida, pelo menos visualmente mais nítida. Em termos, a observação pessoal serve para diminuir a escuridão com que lida o comunicador dos veículos indiretos, ao contrário do que acontece com aqueles que trabalham com os diretos (teatro, conferência etc.), que têm a possibilidade de descortinar instantaneamente as reações do seu público.

O conceito de leitor-padrão se inter-relaciona com a famosa e infindável discussão sobre o indivíduo e a massa. Para compreendermos, em toda a extensão, o papel do indivíduo no processo coletivo é preciso adotar uma atitude dinâmica e ampla. O indivíduo não é um elemento finito e estável, mas dentro dele sucedem-se e se entrechocam várias forças.

"*Each in his time, plays many roles*" – é a citação de Shakespeare que Wilbur Schramm[5] adota para explicar o comportamento individual. *Cada um desempenha muitos papéis* é a conclusão do poeta, o que significa que cada ser humano tem um universo dentro de si. Não existe o bom e o ruim, o "mocinho" e o "bandido", segmentados em papéis estanques, maniqueístas. Dependendo dos estímulos, certos aspectos de uma personalidade ganharão preponderância, enquanto outras circunstâncias podem atenuar determinados traços do seu comportamento. O indivíduo é, pois, um conjunto, um microcosmo da sociedade que ele compõe, e não uma unidade indivisível e estática.

E a massa? Para os pensadores totalitários, a reunião de indivíduos em qualquer quantidade resulta num novo estado de comportamento, o estado coletivo, com novas leis e novas linhas de conduta. Para os pensadores liberais, a massa é uma reunião de individualidades, a unidade multiplicada. O que caracteriza cada um individualmente é transferido para a vivência coletiva, sem adulteração ou aberrações.

O homem não se inferioriza quando pertence à multidão. O ser humano não desaparece na massa. A soma dos universos individuais faz que, no plural, se ampliem certas dominantes singulares.

A preocupação com o leitor-padrão decorre do pensamento que põe o universo individual como centro do coletivo. Na realidade, o leitor-padrão somos todos nós. Cada um de nós é a reprodução de partes idênticas de outros seres humanos; não somos fatos isolados e excepcionais. Por isso, a observação da atitude de um leitor, seja por meio de uma carta, seja por meio de sua conduta na banca, é extremamente valiosa, pois reproduz atitudes e condutas de milhares

---

5. Wilbur Schramm, *The process and effects of mass communication*. Urbana: University of Illinois Press, 1954.

de outros leitores, ouvintes ou espectadores. Um leitor que se choca com uma mudança brusca na linha do seu jornal preferido, com o qual havia se identificado até agora, não é fenômeno isolado, mas sim a reprodução do que se passa com um largo contingente de indivíduos que compõem a audiência desse jornal.

Estamos lidando, portanto, até agora, com dois universos: a multiplicidade de desempenhos de cada indivíduo e a soma destes quando se juntam. Inserimos, então, um terceiro universo: aquele que se situa dentro da redação de um jornal ou revista ou das instalações de uma emissora de rádio ou TV. É a composição das personalidades, gostos e anseios do grupo que produz a informação. Nenhum ser contém dentro de si, individualmente, os elementos em número suficiente para atingir o universo individual ou coletivo dos leitores. Para fazer uma ponte, é preciso que no outro lado, nos bastidores, se abra um panorama de mesmo espectro e amplitude.

Daí extraímos a doutrina geral para a formação de equipes geradoras de comunicação. Dizer que jornal é trabalho de equipe é dizer muito pouco. Jornal bem-sucedido é trabalho de uma orquestra de personalidades e ideias diferentes ou mesmo antagônicas, porém complementares, harmonizadas e equilibradas por normas ou metas comuns.

O universo dos leitores de um jornal só poderá ser sintonizado e alcançado quando houver dentro de uma redação um universo com horizonte de mesma amplitude. A criação de uma equipe jornalística pressupõe antes de tudo um cuidadoso trabalho de suplementação de temperamentos, formações e estilos, não apenas para atender às normas convencionais de administração. O sentido colegiado de uma equipe de jornal compreende, especialmente, a delicada combinação de gostos e aspirações pessoais, de modo que o veículo reflita na sua temática, nas suas tônicas e na sua postura geral o somatório de tendências do seu pessoal criador.[6]

É por essa razão que o *Jornal do Brasil* conseguiu a facilidade de dirigir o noticiário para qualquer tema, desde que fosse de interesse ou estivesse em foco, podendo tratar de esporte, amenidades, cultura, crime, cidades, questões internacionais ou filosofia. Um jornal aberto, isto é, um grande jornal, não escolhe o tema, não torce o nariz a nenhum assunto.[7]

---

6. Nota à 4ª edição: O monolitismo de um jornal ou revista, seja no plano ideológico, cultural, artístico ou pessoal, é um distanciamento da massa de leitores, além de ser antiético e antitécnico. Compreende-se um tipo de homogeneização quando se trata de publicações técnicas ou em órgãos de partidos políticos. Mesmo em caso de veículos dirigidos a públicos segmentados, a natureza universal do ser humano obriga a publicação a uma abertura, mínima que seja.

7. Nota à 4ª edição: Sem falsa modéstia, posso dizer que o êxito do JB deveu-se com toda a certeza a uma "tabelinha", disputada mas profícua, entre editor-chefe e o chefe de redação, Carlos Lemos.

A identidade entre emissor e receptor, ou entre uma equipe de emissores e o respectivo grupo de receptores, é chamada pelos teóricos de comunicação de *campo de experiências comuns*. É o campo magnético onde se estabelecem a sintonia e a identidade entre os dois polos. Com material extraído deste CEC processam-se os códigos. Esse campo unificado transforma cada jornalista num leitor e o leitor num foco inspirador de temas.

Acontece, no entanto, que o circuito permanente emissão-recepção-emissão pode viciar-se quando nele não forem introduzidas periodicamente novas centelhas. Esses novos ingredientes reacendem e estimulam o processo, e, sem eles, o material informativo vai deteriorando e perdendo seu viço. Isso ocorre frequentemente nos sistemas fechados de comunicação, quando não há trânsito livre de informações, quando os estímulos intelectuais são bloqueados e o debate é empobrecido pela falta de ventilação. Ou nas redações seletivas, montadas na base de grupos ou "patotas".

Nessa situação, o jornal passa a ser um incessante bumerangue cultural: a audiência não recebe novas cargas de informação dos veículos e estes recebem do seu público, cada vez mais reprocessadas e usadas, as mesmas mensagens.

De certa forma, essa é a situação pela qual passaram, nos últimos anos, a sociedade brasileira e os seus veículos de comunicação, agravada pelo fato de que algumas dessas alavancas, que teriam condições de injetar nova atmosfera, conformam-se, aderindo voluntariamente ao *establishment*, quando o certo seria antecipar-se a ele.

Esse tipo de "sintonia", ainda que às avessas, leva-nos ao estudo da sintonia em geral, essência da comunicação.

E dos outros "pares díspares" que se estabeleceram abaixo deste, como José Silveira-José Carlos Burnet (depois Sérgio Noronha) e Luís Orlando Carneiro-Armando Strozenberg.

5. Comunicar e engajar-se, o sentido das palavras

Apesar do empobrecimento geral da linguagem, alguns jornalistas jogam-se com extrema devoção à luta pela revalorização da palavra. E uma das formas que linguistas, poetas e jornalistas adotam para entender e revitalizar o vocabulário é o processo analítico da semântica, manuseio criador de palavras e significados.

A etimologia pode oferecer o sentido mais profundo das palavras instrumentando o jornalista, que necessita continuamente enriquecer seu repertório vocabular para descrever novas experiências ou fatos. Ajuda ainda o comunicador, já que a semiologia, a semiótica e a semântica enquadram-se também no grupo de ciências humanas, seja quando estudadas pela linguística, seja pela comunicação.

A pesquisa etimológica ajuda o comunicador a dirimir uma série de dúvidas, mal-entendidos e impropriedades no emprego de palavras, a partir mesmo daquelas consideradas chaves: comunicação e informação.

Quem nos sugere a postura de definir a comunicação pesquisando a origem da palavra é o próprio Wilbur Schramm, em vários trabalhos, ao buscar na sua raiz latina o significado definidor. "Comunicação" vem do latim *communis*, comum, e *communicare*, tornar comum, compartilhar.

Algo – para ser comum – necessita, ao menos, de mais de um elemento para o confronto verificador da igualdade. Daí a conclusão de Colin Cherry[1] de

---

1. Colin Cherry, *A comunicação humana*. São Paulo: Cultrix, 1971.

que a *comunicação* é uma *questão eminentemente social*. A comunicação é interpessoal e não intrapessoal. Consigo próprio o homem não se comunica, ele apenas se observa, reflete, devaneia. A comunicação só ocorre individualmente nas situações de sonho ou fantasia, quando consciente e inconsciente fazem o jogo emissor-receptor.

Para se ter algo em comum com alguém é preciso que haja esse alguém. A comunicação é, portanto, coletiva em sua essência. Essa identidade, essa comunhão, esse compartilhamento que se originam da palavra *communis* são a continuação lógica do processo.

Adotando o mesmo método etimológico, encontraremos uma definição igualmente clara para o termo "informação". Origina-se também do latim: *in formatio*, dar forma, enformar, organizar.[2] Temos, assim, a comunicação como estabelecimento de uma sintonia, a criação de um conduto de igualdades, e a informação, o conteúdo que corre dentro desse canal. É de Norbert Wiener, o pai da cibernética, o conceito de que a informação é a mensagem organizada. Por extensão, diríamos que a informação jornalística ("jornal", do latim *diurnalis*, diário[3]) seria a informação organizada periodicamente, sistematizada no tempo.

A identidade e a associação necessárias à comunicação só ocorrem quando emissor e receptor estão sintonizados na mesma faixa ou na mesma onda. Ocorre aí o processo da *motivação*, a circunstância unificadora que reunirá em uma mesma intenção as partes comunicantes. A filosofia hindu do tantra, em aforismo, diz "eu sou tu e tu és eu"[4], alusão mística à identidade estabelecida pela comunicação. Explica também a mencionada associação jornalista-leitor ou comunicador-audiência, chave do êxito do processo.

O entendimento exato da noção da motivação dá ao comunicador oportunidades permanentes de criatividade. Se chove há três dias, a falta de sol evidentemente motiva o leitor para uma boa matéria meteorológica. A busca incessante das circunstâncias motivadoras que envolvem tanto o jornalista como o leitor – que convivem no mesmo ambiente e sofrem as mesmas injunções – é o segredo do jornalista imaginoso. "O que está me interessando hoje e pode interessar boa parte dos leitores?" é uma das perguntas diárias que o jornalista faz a si próprio.

Dentro da técnica da motivação é que o *Jornal do Brasil*, ainda em 1964, iniciou as "temporadas" noticiosas. Na primeira delas, no verão de 1965, quando

---

2. *Encyclopædia Britannica*.
3. *Caldas Aulete*.
4. A filosofia do tantra desenvolveu um método que permite ver o universo como se ele ocorresse dentro do próprio indivíduo. Ajit Mookerjee, *Tantra art*. Nova Délhi/Nova York: Ravi Kumar, 1967.

os exames vestibulares ainda ocorriam em fevereiro, lançamos a cobertura da "Volta às aulas", motivando igualmente o anunciante para o preparo de anúncios específicos. Seguindo o mesmo raciocínio, as empresas de aviação comercial retiram os seus anúncios em dias de catástrofes aéreas e os óleos bronzeadores só anunciam em vésperas do verão.

A partir da motivação, pode o repórter entender perfeitamente a arte da entrevista. Se o jornalista consegue personalizar o entrevistado, ligando-se a ele e, portanto, à situação que ali está ocorrendo, terá aumentados os seus recursos tanto para memorizar os detalhes da ocorrência como para inventar novas questões. Os repórteres das novas gerações se enganam ao se utilizarem exageradamente dos gravadores para registrar uma entrevista. O equipamento poderá embotar sua faculdade de vivenciar as experiências. Um repórter atento, motivado em relação à figura que está à sua frente, embutido na temática que está sendo tratada, conseguirá cor local, ambientação e veracidade grandes. Com o gravador, só obterá bons resultados no último fator, isto é, na exata reprodução do que foi dito.

Decorrem do conceito de motivação, igualmente, dois critérios hoje comuns nos jornais brasileiros. O primeiro deles é recente e foi adotado naquelas redações em que repórteres de setor acomodavam-se com facilidade, passando a adotar a postura invertida, servindo mais à fonte do que ao jornal. Um rodízio dos repórteres pelos vários setores de cobertura, além de abrir-lhes novos horizontes profissionais, faculta o exercício constante da motivação para o novo. A mesma técnica foi utilizada no *Jornal do Brasil* para o preenchimento dos cargos de correspondentes e chefes de sucursal, nacionais. Um jornalista da sede sendo transferido para a sucursal de São Paulo pode render, no que se refere a descoberta e motivação para o novo, muito mais do que um experimentado jornalista local.

O que importa no jornalista não é a facilidade de fazer contatos no sentido formal ou social, mas a abertura pessoal ou intelectual para temas e pessoas. A permanente ligação do jornalista com o fato que acompanha põe-nos diante de outra situação-chave. Trata-se da motivação levada ao passionalismo, ou desprofissionalizada – o engajamento.

Se existe um campo em que o jornalismo brasileiro ainda não se modernizou totalmente é justamente esse, talvez até por motivos geográficos: perto do equador, somos todos *partisans* e torcedores. Repórteres não incorporaram ainda ao seu comportamento a atitude de ouvir os dois lados de uma questão no mesmo dia, na mesma matéria. Dirigentes ou proprietários de jornais, com exceções, é claro, nem sempre transcendem a onipotência, seja institucionalizando as "listas negras" (assuntos e pessoas que não podem aparecer no jornal), seja abraçando interesses, sem adotar nenhuma isenção diante de causas e pessoas. No falecido *Diário da Noite*, por exemplo, os tabus eram a Academia Brasileira de Letras e o então presidente do Conselho de Ministros de Portugal, Oliveira Salazar[5].

Quando um jornal é pequeno, os assuntos proibidos e os nomes malditos são poucos. Isso pode transformá-lo num grande jornal. Mas quando ele se torna poderoso, paradoxalmente, corre o risco de comprometer sua independência e de aviltar sua isenção (veja o Capítulo 11).

Conta-se de um grande matutino carioca, no auge de seu poder político, quando seus proprietários almoçavam com ministros e governadores, que a redação estava limitada a noticiar com independência eventos relativos a apenas um ministério, o da Saúde. Certo dia, desce da diretoria o desolado redator-chefe, que comunica aos companheiros: "Perdemos o ministério da Saúde também. O ministro está almoçando lá em cima..."[6]

Por outro lado, muitos jornalistas não compreenderam ainda quanto é importante manterem-se distantes e a salvo da influência dos *fazedores de notícia*. Estes, por obrigação, tudo devem fazer para se aproximar dos homens de imprensa, que, também por obrigação, devem fugir do convívio extraprofissional.

Um livro de telefones completo é um grande auxiliar do repórter. Ser conhecido graças à sua independência e isenção é um mérito. Mas ser tratado como favas contadas e conviva certo é o fim do profissional. Adesões prévias paralisam o jornalista.

Nessas considerações, que de certa forma atenuam mas não justificam o comportamento de jornalistas e proprietários, entram fatores puramente políticos: a sociedade brasileira desacostumou-se à tramitação normal do poder; apega-se a ele na primeira oportunidade, pois não há alternativas. Nas mutações de poder, quando naturais e periódicas, os meios de comunicação desempenham um papel importante, e disso advém uma autoridade intrínseca. Mas quando isso não acontece com tanta naturalidade, o poder e a influência só podem ser obtidos por contato ou conivência.

Sobre a motivação distorcida ou o engajamento de um jornal com uma ideia ou pessoa, vale ainda trazer a atitude da imprensa americana, como sempre muito pragmática e objetiva. Nas campanhas eleitorais, por exemplo, há um

---

5. Foi justamente por causa do engajamento dos Diários Associados com o antigo governo português que deixei a direção do *DN*. O senador Assis Chateaubriand exigira que o sequestro do transatlântico português Santa Maria apenas fosse noticiado nas páginas internas dos seus jornais.
6. Nota à 4ª edição: O incidente refere-se ao *Jornal do Brasil*. O autor, acabado de sair de um episódio traumático naquele matutino, tentou evitar que o livro se convertesse num libelo.

esforço para que o espaço, o destaque, a ênfase e o estímulo dados aos candidatos de um mesmo pleito sejam exatamente os mesmos. E, ainda que a grande maioria dos jornais tenha suas preferências, dias antes das eleições eles anunciam, na página dos editoriais, a adesão formal a um candidato, sem que isso venha afetar a equidistância.

Explicam os jornalistas americanos que o leitor quer encontrar surpresas no conteúdo do seu jornal. Dentro daquele necessário circuito de ligações com o leitor, deve haver uma margem de novidade. Comprar um jornal e saber, *a priori*, sua posição sobre um acontecimento tira do leitor a dose de curiosidade necessária para que ele o continue procurando.

Dentro do quadro de continuidade visual, estilística e mesmo emocional recomendada anteriormente (veja o Capítulo 4), é imprescindível, no conteúdo do jornal, uma atitude de indagação nova. Sabendo-se que determinado jornal é exaltado defensor prévio e parcial de determinado governo, venha ele a fazer o que fizer, é natural que, pelo menos no tocante ao noticiário desse setor, o leitor vá procurar um veículo que trate de lhe oferecer algo inesperado, porque objetivo e independente. A atitude isenta traz em seu bojo a surpresa e o novo.

6. Competição e perenidade

"Antigamente, quando algo acontecia, todos iam para a rua comprar jornais e saber o que houve. Hoje, quando algo ocorre, todos vão para dentro de casa ligar a TV." A observação é de Pierre Lazareff, o famoso jornalista-empresário, diretor do *France-Soir*. [Lazareff não poderia prever que o principal veículo para saber as coisas em casa passaria a ser a internet.]

Como todos os aforismos, pincela sinteticamente uma situação, e, como todos os jogos de palavras, é incompleto. Sobretudo se considerarmos que, depois de se enfurnar em casa para ver no vídeo os acontecimentos no mundo, o homem de hoje, no dia seguinte, volta à rua para comprar o seu jornal e, assim, entender e aprofundar-se naquilo que viu no pequeno *écran* [ou na tela de seu computador].

Que é melhor, a televisão ou a imprensa? A mídia eletrônica vai liquidar a impressa? Um determinado meio de comunicação se esgota? Esvai-se um tipo de comunicação com o advento de outro?

Essas são as dúvidas naturais do estudante de comunicação e mesmo do jornalista profissional quando percebem o poder comunicativo da TV [e da internet]. À medida que aumenta a sofisticação da informação no vídeo [e no computador], mais se atemorizam aqueles que estão no outro campo, ou seja, no da comunicação impressa.

Nos quase seiscentos anos desta era da informação multiplicada (a contagem é a partir da Bíblia impressa por Gutenberg, em meados do século XV), ainda não se registrou um só caso de desaparecimento de um sistema de veículos. Sucede geralmente o contrário: o homem, na sua ânsia inovadora e sem dar-se conta de que caminha em círculos (cuja representação seria a trajetória pendular), copia-se permanentemente.

Os navegadores e comerciantes venezianos e holandeses desenvolveram, no século XVI, a primeira forma de informação periódica impressa, os *avvisi* ou *newsletters*, que são exatamente as cartas de notícias, a última palavra em informação dirigida e especializada.

A permanência da veiculação não é fruto de magia nem de mística. Ocorre simplesmente porque os canais de comunicação são uma representação dos nossos sentidos, segundo definição de Abraham Moles.[1] Cada tipo de veículo é dirigido e absorvido por um determinado mecanismo sensorial. Assim, os veículos impressos alimentam a visão; os sonoros, a audição; e a mídia eletrônica, os dois sentidos combinadamente.

Aqui, um pouco de teoria, reunindo teses de vários autores. Pode-se dizer que o processo da comunicação divide-se em vários estágios: o primeiro deles é o da *atenção*, depois o da *percepção*, seguindo-se a *retenção* e, finalmente, teríamos a *reação*. As duas últimas fases correspondem aos efeitos, e neles é que nos concentraremos, já que a superioridade de um veículo sobre outro se mede pelos resultados. A retenção é o que mais importa, pois os veículos, na competição para fazer valer sua força, procuram fazer que suas mensagens sejam mais bem retidas. A reação da audiência será uma consequência da retenção obtida.

Acontece, no entanto, que esses efeitos, ou os resultados da retenção, não podem ser medidos em termos absolutos. A retenção é sempre relativa. Uma série de fatores condiciona a retenção, o que levou Bernard Berelson a formular um princípio geral para avaliar os efeitos dos vários canais ou grupos de veículos: "Certo tipo de *comunicação*, tratando de certo tipo de *assunto*, trazida à atenção de certo tipo de *audiência*, submetida a certas *condições*, produz certo tipo de *efeito*".

Trata-se, portanto, de uma equação com cinco incógnitas ou variáveis. Um gênero de veículo pode ser melhor que outro, dependendo do tema que estiver tratando, da audiência que está atingindo, das condições que imperam no momento.

Isso quer dizer que não existe veiculação melhor ou que produza melhores resultados que outra. Uma apresentação oral para audiências de índices culturais

---

1. Abraham Moles (org.), *La communication*. Paris: Denoël, 1971.

mais baixos será sempre mais bem-sucedida que uma mensagem escrita, enquanto um público de nível cultural mais alto preferirá a comunicação impressa à sonora. Experiências nesse sentido são realizadas em universidades americanas desde a década de 1940, sob a direção de Schramm, Klapper, Paul Lazarsfeld e Berelson, com o uso de mensagens idênticas em veículos diferentes para grupos de pessoas de vários níveis culturais, seguidas de entrevistas para avaliar os resultados.

Trazendo de volta o assunto para a arena onde duelam os veículos de comunicação, fica evidente que, não existindo a supremacia de um canal sobre outro, deixa de ocorrer a suplantação e a liquidação de um sistema. No interior do Mato Grosso ou nas agrovilas da Transamazônica, evidentemente, o melhor veículo deve ser ainda o rádio AM.

A utilização simultânea de duas faculdades, como a visão e a audição, como ocorre nos veículos mistos – TV e cinema [e internet] –, tem mais atrativos, oferece conforto maior. Mas não significa que obtenha maior grau de retenção. Os veículos que se utilizam apenas de um sentido permitem retenção mais profunda, já que a outra dimensão é acrescentada na própria mente do leitor ou ouvinte, quando a imaginação compõe o quadro real (veja o Capítulo 8).

Uma dose de impressões a ser processadas pela mente pode ser mais eficaz que a exata reprodução da realidade. O conceito vale tanto como crítica ao realismo estético como para pôr em dúvida a capacidade dos meios audiovisuais de fazer que o público retenha plenamente uma mensagem. Quanto menos sentidos humanos envolvidos e quanto mais presente estiver nossa capacidade intelectual, melhores serão a retenção e o aproveitamento da mensagem (veja o Capítulo 2).

Diz o francês Abraham Moles, estudioso da comunicação fisiológica, que o som estaria situado no tempo e a visão no espaço. Mas a afirmação é posta em dúvida pelo próprio autor, quando questiona a temporalidade de um sistema estereofônico ou quadrafônico, já que a emissão de som, nessas condições, passa a gozar também de uma dimensão espacial. Os grupos de veículos são dirigidos para determinados sentidos; por isso, não podem simplesmente ser liquidados, já que o ser humano, para sobreviver, necessita de todas as suas aptidões. O aparecimento, e consagração, de um veículo audiovisual como a TV não destrói a necessidade de um veículo apenas sonoro ou visual. Apesar de estarmos vivendo na era visual, conforme opinião de alguns, a música continua existindo mais poderosamente do que nunca. A geração criada pela TV foi a mesma que possibilitou a atual explosão musical, que resultou na música eletrônica e abstrata.

O que pode acontecer com o desenvolvimento sensorial do homem é que os sentidos restantes (tato, olfato e gosto) ainda venham a ser utilizados por uma futura veiculação, no decorrer de nosso processo civilizatório. O tato, por exemplo, já começa a ser utilizado como canal de comunicação institucionalizado, não apenas no caso do sistema braile para cegos, mas pelo *design*, que além do seu componente estético-visual tem um forte apelo tátil.

A perenidade de nosso sistema sensorial e de nosso equilíbrio psicofisiológico não deixará que se evaporem sistemas de comunicação cada vez que a tecnologia avançar para descobrir algo novo ou quando os pensadores recuarem para reencontrar uma solução antiga. Os veículos não se atrofiam porque nossos sentidos, como um todo, também não se atrofiam. A TV não matou o rádio nem o jornal. A revista em cores não liquidou o livro. O grande jornal metropolitano não matou a imprensa interiorana. O que existe no campo de comunicação tem a sua razão porque encontra uma necessidade correspondente no comportamento humano. E, quando novas necessidades forem estimuladas, o processo inteiro se encaminhará para satisfazê-las.

O estudo da comunicação é montado sobre o problema das necessidades. O primeiro grito, o primeiro gesto, o primeiro sinal no chão ou numa árvore, a primeira batida no tambor ou sinal de fumaça foram certamente gerados por uma necessidade vital, ligada à própria existência do emissor ou receptor. Assim, embute-se naturalmente no contexto da comunicação e do jornalismo um dos seus pilares – a necessidade. O homem se informa para sobreviver. No início, essa sobrevivência era medida em termos primários: viver ou morrer. Mas à medida que o homem foi se aperfeiçoando, a questão de vida ou morte pode ter se inserido indiretamente em outra problemática.

A comunicação e, mais ainda, o jornalismo devem estar envolvidos permanentemente pela preocupação de satisfazer a ânsia de sobrevivência – tomada em seu sentido mais amplo – do grupo a que servem. As necessidades fundamentais do homem de hoje são diferentes das dos primatas. A sobrevivência física, pura e simples, foi buscando formas mais sutis, podendo-se hoje dizer que um indivíduo não integrado no seu ambiente e no seu tempo está morto para a sociedade. A ignorância quanto a certos fatos da vida contemporânea pode ser fatal para um cidadão.

Dessa forma, a liberdade de informação é vital, questão essencialmente prática e não mais uma vaga e distante polêmica, como muitos a querem reduzir. O cidadão que tem acesso às informações e condições de escolhê-las, sem perigo, está apto a sobreviver intelectualmente como homem. O mundo se estrutura de tal forma que o perigo da sobrevivência persiste sempre. Hoje, os desinformados são as primeiras vítimas da luta pela vida. Este é o grito primal do homem contemporâneo: quero saber.

A perenidade dos veículos de informação e do processo como um todo prende-se, assim, à constância do desafio para existir. O homem precisa saber para continuar. Precisa saber o que acabou de acontecer, mas precisa relacionar esse fato com o que ocorreu no passado, encadeamento que constitui a informação total.

A necessidade faz o homem e este amolda sua maneira de comunicar-se para satisfazê-la. A ânsia para vencer o tempo fez o homem inventar veículos cada vez mais velozes, e assim ele chegou ao cinema. Mas não se contentou, pois a conquista do tempo significava igualmente alcançar a instantaneidade. Ora, o cinema tem contra si uma grande lentidão de processamento. A eletrônica, desenvolvida extraordinariamente na Segunda Guerra Mundial, veio viabilizar a interação tempo-espaço por meio da velocidade da imagem e da possibilidade de ser armazenada e transmitida a qualquer hora, para qualquer lugar. Isso é a TV. Afinal, na sua longa odisseia em busca da permanência e do deslocamento, o homem concretizou sua velha aspiração: sentado na poltrona, percorre o espaço e domina o tempo.

A TV foi a terceira grande revolução nas comunicações – a primeira, a introdução da palavra escrita; a segunda, a reviravolta provocada por Gutenberg. Fiquemos apenas com a última, pois aconteceu com a atual veiculação já estruturada. Na humanidade, nada acontece isoladamente, tudo tem causa, razão e consequência. O aparecimento da TV não foi um ato isolado, veio no bojo da mesma avalancha que trouxe a industrialização, a urbanização, o consumo de massa. Portanto, os mesmos setores que viabilizaram a TV carregaram consigo as possibilidades de uma reestruturação geral na veiculação. A aldeia global, de que tanto fala Marshall McLuhan, não é fruto direto da TV, mas do que se seguiu à TV. A imagem do vídeo não provocou a revolução da informação; ela obrigou o resto da veiculação a apressar-se para entrar em seu ritmo e satisfazer às novas necessidades que criou.

A TV trouxe para a comunicação a instantaneidade e a multiplicidade espacial. O resto da veiculação embutiu-se nesse contexto para completar o novo quadro de premências aberto pela TV.

O apetite estimulado pela TV criou condições para a "explosão das informações" ocorrida nos anos 1960 (que alguns céticos, com certa razão, chamam de era da desinformação).

Quando apareceu a televisão, prognosticou-se a morte do jornal diário. Mas o jornal contém características que a TV jamais poderá superar: a) acontece (isto é, pode ser lido) na hora e no lugar mais convenientes para a audiência; b) pode ser relido, portanto guardado e mais profundamente analisado; c) seu conteúdo pode ser institucionalizado.[2] Por isso, a despeito dos agouros, o jornal avizinhou-se do veículo mais próximo, no caso, a revista, e reanimou-se. Nesse momento, o lide clássico contendo as seis questões primárias de Kipling[3] avançou para buscar circunstâncias mais profundas, como a dimensão, a remissão e a explicação dos fatos, já que a TV satisfazia as iniciais. Começava a era do jornalismo interpretativo, analítico, avaliador. Ao mesmo tempo, tinha início a fase da melhoria visual dos jornais. Além de mais bem paginados, os jornais passaram a organizar seu conteúdo, dando à informação aspecto mais profundo e mais permanente.

A preocupação de "arrumar" e coordenar as diferentes matérias foi uma das primeiras que trouxemos para o *Jornal do Brasil*, em 1962, estimulando sempre o princípio da atração temática. O leitor, por decorrência da própria organização do seu conhecimento, pretende encontrar em uma mesma página temas afins e informações contíguas, ou, quando isso não é possível, quer uma remissão segura para encontrá-los. O *Diário da Noite* desenvolveu a técnica de indicar no final de determinada matéria a página onde o leitor poderia encontrar outras informações sobre o mesmo assunto. No *Jornal do Brasil*, essa preocupação, levada à perfeição por uma equipe de profissionais voltada para servir ao leitor, permitiu a criação de uma série de recursos gráficos e editoriais que resultaram num jornal muito atraente e fácil de ler.

Esses padrões de coordenação do material iniciados pelo *JB* foram prontamente adotados pela maioria dos jornais brasileiros. Foi igualmente nessa fase de "revistização" que o *JB* implantou, em 1963, e desenvolveu, em 1964, o primeiro departamento de pesquisa. Não era apenas a busca da memória[4], mas a necessidade de estender a notícia, de satisfazer em profundidade a sede recém-despertada pela TV.

A finalidade do departamento de pesquisa não era somente armazenar informações e pô-las a serviço da reportagem, do copidesque e dos editoriais. Essa

---

2. O debate ainda se trava nos meios especializados americanos e europeus: a TV, apesar do seu poder de influência, pode "editorializar", ou seja, emitir opinião como o faz o jornal? De que forma? Pela leitura de um texto? Nesse caso, o telespectador tomaria o que foi lido como opinião do apresentador e não da instituição. Pela imagem? Nesse caso, seria misturar opinião e realidade, quando a ética jornalística pede que elas sejam apresentadas à parte.
3. Os cinco "Ws" e um "H" (*where, what, when, why, who* e *how*) foram institucionalizados pelo escritor Rudyard Kipling e transformados no pilar da objetividade do jornalismo moderno. Kipling era editor do jornal indiano *Allahabad Pioneer* quando compôs os versos: "*I have six honest serving men; / they taught me all I know; / their names are where and what, and when / and how and why and who*". (Informações prestadas por Odylo Costa, filho, e Marcos Marguliés.)
4. Um jornal é a memória da sociedade. Ele tem obrigação de organizar-se nesse sentido. Nosso primeiro memorando interno no *Jornal do Brasil*, em 6 de janeiro de 1962, instituiu o arquivo.

versão do *research department* era adotada então nos grandes jornais americanos. Nossa nota original foi a criação de uma equipe de redatores e consultores de alto nível, aptos a produzir, além do levantamento de dados, material extensivo de apoio para melhor circunstanciar o noticiário.

Foi a forma também de aproveitar a massa de recursos em livros, publicações e ideias que passaram a chegar ao departamento e que, de outra forma, ficariam ociosos, esperando que ocorresse um evento a justificar sua utilização. A pesquisa (na sua fase mais criativa, sob a direção do jornalista Roberto Quintaes) passou, assim, a adiantar-se aos acontecimentos, produzindo *features* no campo da filosofia, ciência, política, estratégia, arte e cultura que tornaram a rubrica famosa em todo o país.[5]

A TV obrigou o jornal diário a tornar-se seletivo, escolher melhor os assuntos sobre os quais ia concentrar-se. Como resposta à TV e à massa de informações que por causa dela começou a ser posta em circulação, os diários, mesmo os matutinos, abandonaram a tendência quantitativa que até então adotavam. Na realidade, era menos um estilo e mais uma falta de critério que jogava os chefes da reportagem numa emulação para cobrir tudo, sem avaliar a importância e o peso dos acontecimentos (veja o Capítulo 8).

Os diários começaram, assim, a ganhar aparência menos apressada e mais densa. Tornaram-se mais transcendentais. Nessa ocasião, coincidentemente, começaram a surgir as páginas de economia, que até aquela época resumiam-se às colunas de cotação de mercadorias e moedas. O aparecimento das coberturas econômicas e do jornalismo especializado ocorreu no *JB*, em 1963, quando a inflação, então galopante, incorporou a temática econômica às pautas cotidianas. A deflação que se seguiu à "revolução" de 1964 e a fase de reorganização de nossa vida econômica trouxeram ao nível do leitor médio os assuntos que se circunscreviam aos órgãos especializados. Ainda que no governo Kubitschek o famoso binômio energia-transporte tenha popularizado alguns temas da economia, o desempenho jornalístico daquele período de desenvolvimento econômico resumiu-se aos aspectos espetaculares.

A atenção dada ao assunto econômico-financeiro chegou ao auge na espetacular alta no mercado de capitais (1970), quando a classe média passou a

---

5. Nota à 4ª edição: As matérias com a chancela do departamento de pesquisa lançadas em 1965, quando a TV Globo entrou no mercado, eram extremamente apreciadas por sua qualidade e densidade. Hoje, vinte anos depois, podemos reconsiderá-las como desvirtuamento de um banco de dados, cuja finalidade precípua é fornecer apoio e suporte à informação. Quem deve ir ao departamento de pesquisa é o repórter. Isso não invalida a presença, ao pé do noticiário, de informações de lastro assinadas por especialistas, jornalistas ou não.

participar diretamente do processo econômico e a partilhar das suas conquistas. O noticiário econômico abriu-se para a grande massa de leitores, mas paradoxalmente fechou-se na sua linguagem e abordagem graças à ascensão de uma nova classe de tecnocratas nas fontes de notícias, influenciando os profissionais com um jargão logo batizado de "economês" pelo jornalista Carlos Lacerda.

Ainda como resultado direto do aparecimento da TV no cenário da comunicação, tivemos a fase áurea do noticiário internacional. Nesse setor e nas páginas antigamente chamadas de "telegráficas", houve no jornalismo brasileiro grandes inovações. Quando cheguei ao *Jornal do Brasil*, em 1962, os correspondentes internacionais tinham sido dispensados. É uma tendência contumaz considerar o trabalho do correspondente supérfluo e, em situações de emergência, cortá-los.

O depoimento pessoal é uma das formas de trazer o leitor para o centro de qualquer assunto (veja o Capítulo 8); ele personaliza o acontecimento e permite que o jornal se distinga dos demais assinantes de um mesmo serviço telegráfico. Baseados nesse princípio, em pouco tempo remontamos a rede de correspondentes brasileiros em quase todos os quadrantes do mundo. O fato de serem necessariamente brasileiros não tem nenhuma conotação xenófoba, sendo explicado pela melhor sintonização e motivação que se processa entre o jornalista e o leitor da mesma origem. Um vago e impalpável jornalista estrangeiro, a não ser que seja uma das "estrelas" do jornalismo internacional, oferece poucas condições para uma boa identificação (veja a explicação sobre o campo de experiências comuns, no Capítulo 4).

Aliando o trabalho da pesquisa ao dos correspondentes, e mais tarde adquirindo matéria de apoio de grandes jornais e revistas internacionais, estávamos aptos a levar o leitor brasileiro a qualquer parte do mundo, com uma informação densa que complementaria o interesse despertado pelos veículos eletrônicos. A interdependência das nações, sem dúvida, surgiu para satisfazer interesses comuns, mas pode-se dizer que foi mantida e cristalizada graças à cobertura internacional. O conceito, até então clássico no jornalismo brasileiro, "mais vale um morto na avenida Rio Branco do que cem mortos na China" acabou subvertido e liquidado. Quem abriu as fronteiras do mundo foi a necessidade de sobrevivência, mas quem pode mantê-las abertas são os veículos de informação.

Para evitar uma possível sisudez que a excessiva transcendentalização dos temas poderia conduzir, e dentro do princípio da universalidade de interesses, adotamos no *Jornal do Brasil* o estilo de coberturas maciças para qualquer tipo de acontecimento. "Descarregar as baterias" era como designávamos a ação de concentrar sobre determinado assunto toda a força e todo o peso da máquina informativa do jornal. Como quando despachamos dez elementos para o exterior, comandados pelo próprio chefe da redação, Carlos Lemos, para cobrir as copas mundiais de futebol. Ou quando montávamos centrais de informações em festivais de cinema ou de canções, ou, na época em que havia eleições diretas, criávamos todo um dispositivo de apuração e computação de dados. O jornal diário magnificou-se. E, nesse processo, os que não tinham condições de acompanhar o salto foram se perdendo e desgarrando.

A reação em cadeia provocada pela TV, depois dos jornais, atingiu as revistas ilustradas. Começou-se a usar a cor regularmente em *O Cruzeiro* e *Manchete*, em 1957, como ação preventiva contra a invasão em preto e branco da TV. Dez anos depois, a profusão de fotos coloridas nas revistas brasileiras ultrapassava os padrões internacionais. Talvez esse empenho industrial e formal tenha levado as revistas ilustradas aos píncaros de circulação e, em seguida, as tenha tornado inviáveis. A densidade informativa dos jornais diários, alguns com significativa presença nacional, e a velocidade da TV foram exercendo uma tremenda pressão sobre o jornalismo ilustrado semanal, que depois da fase de ouro entrou em crise.

O fenômeno ocorreu simultaneamente em outras partes do mundo, onde famosas revistas semanais ou quinzenais fotográficas, como *Paris-Match*, *Life*, *Look* e *Colliers* sofreram síncopes fatais; as três últimas não sobreviveram e a primeira foi obrigada a adotar drasticamente novo formato e estilo para compor-se com os novos tempos.

Mas como um sistema veicular não se extingue, as revistas ilustradas criaram lugar para a complementação do noticiário diário: a revista interpretativa. Entre o novo jornal e a velha revista consolidaram-se as revistas noticiosas, gênero imaginado por Henry Luce quando criou a *Time*, em 1922. No Brasil, surgia *Veja*, nos mesmos padrões qualitativos das congêneres *L'Express*, *Newsweek* e *Der Spiegel*.

A queda do jornalismo semanal ilustrado gerou igualmente o aparecimento sistematizado dos híbridos na comunicação escrita. E entre eles o tipo que mais se destacou corresponde aos fascículos, meio-termo entre o livro e a revista, que chegaram a dominar o mercado jornalístico brasileiro, em volume de exemplares vendidos, durante a década de 1960 e os primeiros anos da década seguinte. Além das vantagens combinadas dos veículos dos quais é herdeiro, o fascículo, por meio de inteligente sistema de coleções, acrescentou um elemento altamente estimulante ao processo de aprendizado – a participação. A Editora Abril foi a responsável pela reintrodução e consagração do sistema no Brasil.[6]

Com os fascículos, surgiu uma nova área em que o comunicador poderia atuar: a criação de nova mídia. Graças à tecnologia e à imaginação, criaram-se veículos experimentais que parecem inesgotáveis, pois representam combinações infinitas. Nos interstícios da veiculação tradicional, aparecem sistemas novos. Dessa forma, o disco deixou de ser meramente musical, tornando-se educativo e depois transferindo para a fita cassete a vantagem de reproduzir a informação sonora com alto grau de perenidade e simplicidade de manejo. A informação ambiental tornou-se viável com a transistorização dos sistemas luminosos dinâmicos, chamados de *rainbow* (arco-íris) e que podem processar mensagens e desenhos com grande rapidez. A viabilização de sistemas de videoteipe, xerox e cópia de fitas permite um número infindável de usos e combinações. Cada necessidade gera um veículo próprio e específico.

O livro foi o último do espectro de veículos a beneficiar-se da tremenda expansão do mercado de informações, que ocorreu tanto no Brasil como no exterior. Aliás, no caso do livro deu-se fenômeno paralelo à proliferação de títulos e tiragens: a cosmopolitização. Graças aos outros meios de comunicação, autores, temas e obras passaram a ser divulgados com intensidade; e as últimas, a ser editadas simultaneamente em vários países. O livro tornou-se, de repente, veículo forte, capaz de, em poucos meses, ganhar o mundo, lançar ideias e mesmo servir de arma política. Ganhou contundência e rapidez. A resistência ao regime da União Soviética, primeiro com Pasternak e depois com Soljenitsin, serviu-se justamente do livro, tanto no campo das ideias como no da ficção, para ganhar o mundo com os seus apelos contra a violência do sistema. Primeiro em edições clandestinas, os famosos *samizdats*, e depois, de fora do país para dentro, a literatura de contestação da Rússia irradiou-se pela população, constituindo-se no primeiro foco organizado de resistência interna ao poder do Kremlin. O livro substitui hoje na Rússia o jornal panfletário, vindo a provar que cada situação cria uma veiculação apropriada a seu grau de eficácia.

Como em todas as situações de expansão, a explosão do livro trouxe consigo alguns exageros, que só mais tarde serão corrigidos dentro do mecanismo pendular já descrito. O livro alcançou em certos momentos índices tão altos de massificação que perdeu algumas de suas características essenciais e intrínsecas, como a perenidade. Em certas situações, considerando-se tiragem, número de

---

6. Os fascículos tiveram seu primeiro ciclo na década dos 1930, no Brasil, quando, distribuídos de porta em porta, serializavam, em versões populares, grandes obras da literatura romântica.

títulos aparecidos e conteúdo, o livro tornou-se tão incidental e periódico como a revista, tão inacabado como o jornal e tão descartável como qualquer dos produtos da sociedade de desperdício de antes da crise de matéria-prima iniciada em 1973.

A própria literatura prejudicou-se com a desigual proporção de obras de informação e ficção. Desse modo, a fase de ouro do livro como veículo não correspondeu à fase de ouro do livro como conteúdo, da literatura. Mas serviu para familiarizar as novas gerações, ou aquelas faixas de população recém-chegadas ao poder de compra, com esse tipo de veículo.

As facilidades trazidas pela TV não vieram confirmar as profecias de McLuhan de que o resto da veiculação sucumbiria ao seu poder de persuasão e ao conforto por ela propiciado na assimilação de mensagens. Ocorreu o contrário: o fortalecimento da TV trouxe um estímulo geral ao processo, obrigando cada setor a um salutar reajustamento sazonal. A necessidade de superar-se diante das necessidades e a ânsia de saber, típicas do gênero humano, utilizaram a TV como alavanca. Cada veículo, se devidamente compreendido seu papel dentro do conjunto de sistemas de comunicação, tem uma função e uma finalidade.

A intromissão de um fato novo em um determinado sistema de veículos altera o processo como um todo. É o que agora está acontecendo com a crise mundial de escassez. A veiculação impressa, até então caracterizadamente extensiva, tende a tornar-se intensiva. A qualidade de vida clamada por ecólogos, filósofos e poetas pode nos atingir, dessa forma indireta e dramática, em um mundo em crise de matéria-prima. A exaustão dos recursos naturais ou a mudança da filosofia de preços trouxe um fim à desenfreada corrida por quantidade, volume, peso, poder. É a hora do valor. O papel do jornal é a sua valorização constante.

7. A crise do papel e o papel dos jornais

Uma notícia não se proíbe; no máximo, consegue-se limitar sua circulação. O processo de comunicação não se interrompe; consegue-se reorientar o seu sentido. A crise do papel não liquida os jornais, apenas os transforma. A sociedade de massas criou uma condição intrínseca à sua existência: ela é aberta, mutável e, por isso, permanente. Nosso sistema urbano, compactado e denso, não pode subsistir sem a ventilação da comunicação. Sem o arejamento da informação, esfacela-se ou deteriora-se (veja o Capítulo 12). Os homens só não se comunicam quando separados, no tempo e no espaço, de seus semelhantes. O conjunto de nossos sentidos criou um conjunto de canais, que por sua vez gerou a existência de um sistema veicular. Um veículo é um fio com duas pontas, no qual correm emissões nos dois sentidos. Mais do que uma conquista social e política, é um fato fisiológico.

A crise do consumo que se abateu sobre o mundo civilizado relaciona-se com duas outras. De início, houve a crise ambiental, quando o homem, pela primeira vez de forma organizada, sensibilizou-se quanto ao perigo que corria seu relacionamento com a natureza. A ciência ecológica, até então vagamente estudada nas faculdades de agronomia, passou a ser avidamente dissecada em todos os níveis do conhecimento. Em meio à crise ambiental, o homem deu-se conta do problema da superpopulação, ganhando assim consciência da outra crise: a das quantidades.

A presente crise de matéria-prima foi evidentemente agravada por motivos políticos, mas tem fortes raízes sociais e econômicas. A carência de produtos naturais é a sutil resposta da natureza, e da sociedade humana que nela habita, às doutrinas do crescimento desmesurado, a qualquer preço.

A crise do papel, sem os componentes dramáticos da crise do petróleo, trouxe a oportunidade benéfica de reavaliarmos o esquema da comunicação impressa e o seu contexto, que é a comunicação veicular, dita de massas. A falta de papel não vai prejudicar o processo como um todo nem afetar substancialmente os produtos que se utilizam do papel. Vai transformá-los.

O jornal – o mais legítimo e duradouro veículo impresso depois do livro – condicionou o ser humano contemporâneo a um processo de saber. E ele não vai abrir mão de suas vantagens. A crise de papel nos obrigará a repensar não apenas o jornal (preço, escopo, apresentação), mas também o seu relacionamento com o resto da veiculação e seus vínculos com a sociedade.

O jornal subsistirá enquanto permanecerem inalteradas estas condições:

1) *A personalização da informação*: apesar das grandes tiragens, o jornal é um produto dirigido a cada leitor em separado, conforme já vimos em capítulo anterior. Mesmo que cada exemplar seja lido em média por três leitores, cada um deles encontra algo muito seu e muito próprio. Quanto mais massificadas forem a sociedade e a informação, mais o ser humano procurará formas "exclusivas" de informação, e os meios eletrônicos, pela própria natureza da recepção, são coletivos [é justamente esse o diferencial da internet em relação aos demais veículos eletrônicos]. O jornal consegue atender a cada leitor que o manuseia e, ao satisfazê-lo, torna-se sua "propriedade".

2) *O ponto "ótimo" da periodicidade*: o ritmo diário é o único capaz de resistir ao desgaste do tempo, conservando concomitantemente o ingrediente da curiosidade. O ritmo do jornal sintonizou-se com a sucessão dos dias de tal forma que hoje um faz parte do outro. O novo dia é um descortino novo da vida, é uma passagem de disposições, um estímulo. Para o leitor de jornais, um dia sem eles é um dia diferente. Os veículos semanais, de ritmo mais lento, sofrem a erosão de uma cadência mais distendida. Por outro lado, o jornal de múltiplas edições diárias, além de ser cada vez mais difícil nas condições urbanas atuais, não oferece a transição de um ciclo completo.

3) *Amplitude*: o livro é dirigido, a revista tem o número de temas limitado, a TV – a não ser na programação jornalística – apresenta no vídeo um tema de cada vez. Esse é o problema dos veículos temporais ou mistos, que só

podem apresentar uma mensagem em cada momento[1]. Já o jornal é amplo e universal. Naquele pequeno espaço, sem os percalços do tempo, ele retrata a vida em todos os seus aspectos. A leitura por alguns minutos da primeira página ou a concentração mais atenta por uma ou mais horas nas páginas seguintes são escolhas que cada um pode fazer. O leitor governa a leitura do seu jornal; vale dizer, ele não está à sua mercê. Mas a amplitude que tem dos acontecimentos é a mesma. O seu fácil manejo e relativa perenidade permitem que seja guardado por momentos, horas ou dias.

Um retrospecto da história do jornal, desde o seu surgimento, em 1605[2], revela que ele resistiu, assim como o livro, a todos os embates da tecnologia e das mudanças sociais. O obscurantismo político, a Revolução Industrial, as invenções para vencer distâncias, as guerras, as migrações, a recessão econômica, a TV, tudo, enfim, foi absorvido pelo veículo mais institucionalizado de todos, o jornal diário.

Mas o novo jornal que vai aparecer como resultado da atual crise de papel será fruto do mesmo contexto cujas tendências principais fizeram-se notar quando do aparecimento da TV nos anos 1950. Para redescobrir o jornal, é preciso pacientemente pontilhar outra vez os contornos de toda a veiculação, que receberam o primeiro impacto quando a TV começou a imperar e que agora se confirmam.

Como reagirão os meios eletrônicos à atual crise? É certo que a recessão que alguns preconizam ou a simples diminuição na expansão econômica do Ocidente afetará financeiramente a TV e o rádio nos países onde eles não são propriedade do Estado e dependem dos anúncios. Um corte forçado no consumo de automóveis fatalmente implicará uma diminuição de verbas de publicidade. Mas enquanto as economias forem parcialmente livres ou semicontroladas, encontrarão formas de substituir o consumo de um produto pelo de outro.

O rádio, cada vez mais integrado ao ambiente e aperfeiçoando seu potencial de recepção por meio da FM, fornece a música e a informação "decorativas". Ele

---

1. Segundo Abraham Moles (org.) em *La communication* (Paris: Denoël, 1971), pesquisa realizada na então Alemanha Ocidental nos anos 1960 revelou que o público médio consumia 15% do seu tempo lendo jornais e 39% vendo TV. O fato não é apenas uma aterradora prova do poderio massageador do vídeo, mas também de que o jornal, em menos da metade do tempo, fornecia um quadro informativo mais completo do que a televisão.
2. Marcello e Cybelle de Ipanema, *História da comunicação* (notas). Brasília: Editora da UnB, 1967. Segundo os autores, o primeiro jornal semanal regular, *Nieuwe Tijdinghen*, foi produzido por Abraham Verhoeven, na Bélgica. Veja também a *Encyclopædia Britannica* e Carlos Rizzini, *O jornalismo antes da tipografia*. São Paulo: Companhia Editora Nacional, 1968.

vai perdendo a característica incidental ou eventual que o marcou até o aparecimento da TV e ganha flagrante conotação ambiental. É bastante provável que se abandonem as programações *acontecidas* – em que o ouvinte se detém para ouvir – e se adote cada vez mais a programação de *clima*, de atmosfera, difundida onde quer que o homem contemporâneo se encontre, seja no carro, no elevador, no supermercado, nos corredores, nos saguões. A música ambiental é uma realidade criada pelo rádio ambiental. Por outro lado, o rádio tenderá cada vez mais à especialização por faixas de interesse sonoro: programações dirigidas a grupos etários, sexos ou mesmo ramos de atividade definirão o rádio como veículo essencialmente segmentado [a tendência à segmentação se aprofundou nos últimos anos, abrindo espaço para emissões dirigidas a públicos específicos]. Em matéria jornalística, o rádio [ao lado da internet] continuará fornecendo o primeiro impacto da notícia. Sendo um veículo ambiental, isto é, integrado ao ambiente e por isso podendo manter-se ligado permanentemente, o rádio está fadado a "furar" a TV (com exceção dos horários noturnos). Não se pode dirigir um carro, trabalhar, caminhar ou ler vendo TV. Rádio, sim.

Sabedor dos principais fatos pelo rádio [e pela rede mundial de computadores], o público receberá posteriormente da TV um volume de informações mais denso. Uma estação de TV pode especializar-se em qualquer gênero, mas não pode abrir mão dos serviços noticiosos. Eles são os "ganchos" diários que levam a audiência a ligar o receptor em uma hora específica ou em um canal determinado (no Brasil, a telenovela foi, e talvez seja por muito tempo ainda, esse atrativo periódico). Em geral, a programação de TV alterna-se diariamente e não se repete de dia para dia, levando o telespectador a manter seu receptor ligado o maior tempo possível para "pescar" algo que lhe agrade.

O telejornalismo herdou do jornalismo diário impresso essa pulsação periódica que pode torná-lo o atrativo central de uma programação ou, pelo menos, marcar seu tempo. A possibilidade de cor e a transmissão por satélite fazem que os fatos do dia, na TV, ganhem dimensão. O que se perde em profundidade se ganha em animação, presença e contundência. Aquela limitação e esta qualidade transferirão para o jornal impresso do dia seguinte o interesse do telespectador. A explicação, que o analista de TV apenas tangenciou, motiva o telespectador a transformar-se, na manhã seguinte, num atento leitor de jornais.

A vibração transmitida por um *flash* em cores, acontecido há poucas horas, no outro lado do mundo, estimulará o telespectador a procurar na edição impressa do dia seguinte os detalhes que a rápida transmissão de TV não lhe facultou.

Em termos de quantidade, a TV confirmará o seu lugar como o principal meio de comunicação. Em termos de superficialidade, também. Funcionando como motivadora, a partir dela dá-se o processo global da comunicação. Ela é a polarizadora da atenção e nisso reside a principal responsabilidade dos homens de TV: dependendo das aberturas que oferecer à audiência, a TV pode ser tanto um estímulo cultural como uma reticência intelectual. Uma programação dramática bem equilibrada pode reviver o teatro; bons filmes dos tempos passados podem – como aliás vem acontecendo – reacender a mitologia e o encanto cinematográficos; shows de qualidade criam novos valores dos quais se beneficiará a indústria fonográfica. Uma programação infantil, com atrações devidamente interligadas a outros meios (jornais e revistas), poderá permitir que a criança deslize naturalmente de um veículo fácil, como a TV, para outros, menos fáceis, como os impressos.

Veículo de massas por excelência, a TV não deixará de acompanhar a tendência geral que se manifesta em um órgão quando chega à maturidade: a busca da especialização (veja o Capítulo 2). Enquanto procura maiores audiências, fervilha dentro dela o mesmo impulso que marca os demais veículos – a busca da "exclusividade", por meio de subsistemas fechados. A TV a cabo (CATV ou Cable-TV), por exemplo, é a resposta personalizadora ou mesmo regionalizadora à programação de largo espectro e de amplitude nacional. Poderá ser também o caminho para que se encontre, afinal, o meio de compartimentar as categorias socioculturais, assim como acontece com o jornal e a revista, da amorfa audiência de TV, tratada sem nuanças e por isso, como sempre, nivelada por baixo.

A própria forma de transmissão por cabo ou satélite, em oposição à transmissão aberta, por ondas, já é uma representação desse "exclusivismo" salutar. Na verdade, toda vez que um sistema impõe uma fórmula única para abarcar uma multidão de interesses dá-se um relaxamento de qualidade, uma equalização empobrecedora, para que todos possam alcançá-la. A TV a cabo é a primeira saída para elevar o nível que a TV aberta nos impôs até agora.

Os videocassetes também podem representar uma opção de programação mais exclusiva e pessoal, ainda que suas possibilidades sejam muito mais remotas, pois não oferece o interesse básico, a instantaneidade. O homem de hoje teve sua necessidade de onipresença extremamente estimulada pela própria comunicação e, por isso, exige a sua participação em tempo real. O videocassete é uma forma intemporal, "requentada", devendo limitar-se à apresentação de filmes, shows, teatro, concertos ou, então, como eficaz auxílio na educação e no treinamento.[3]

---

3. Novas tecnologias substituíram o videocassete e ampliaram os recursos e alternativas de uso. O raciocínio que valia para o vídeo, porém, permanece para os seus sucessores.

A veiculação impressa complementará os estímulos da veiculação eletrônica. O livro (conforme visto no Capítulo 6), situado no extremo oposto do espectro de veículos, depois da frenética expansão das duas últimas décadas – quando ocorreu a implantação da TV e a subsequente revolução da informação –, reencontra agora um caminho mais sólido e menos desperdiçado. Assim, grande parte dessa saudável enxurrada de títulos editados em centros universitários para consumo de um círculo limitado de leitores encontrará uma forma própria de divulgação, mais econômica e adequada ao seu uso e audiência. Talvez voltemos – de novo, o pêndulo – aos documentos e tratados da era pré-Gutenberg, que diferiam do livro propriamente dito, ainda que ambos fossem manuscritos[4]. É evidente que não acabarão os livros de amenidades, e que a crise não pressupõe uma alteração definitiva em favor da qualidade. A qualidade é um valor relativo e o remanejamento da indústria editorial não afetará seus padrões.

As revistas informativas ilustradas foram as mais atingidas pela TV. O fechamento das três principais revistas americanas (*Colliers*, *Look*, *Life*) e o declínio da *Paris-Match* são os fatos mais expressivos do panorama. Em todo o mundo, o mercado das ilustradas foi grandemente atingido. No Brasil, depois do florescimento dos anos 1960, o gênero inclinou-se sensivelmente para baixo. Exceção deve ser feita às revistas interpretativas e às publicações especializadas, que, ao contrário, tiveram aumento substancial tanto de tiragem como de novos títulos (veja o Capítulo 6).

A crise do papel e a subsequente alteração dos jornais deverá atingir novamente o jornalismo de revista. O gênero de publicação complementar aos diários do tipo *Time* deverá desenvolver-se ainda mais, procurando, porém, um equilíbrio entre o antigo jornalismo ilustrado e o moderno posicionamento interpretativo. O leitor contemporâneo cansou-se do texto puro e pede um adequado contrapeso gráfico. As revistas puramente ilustradas continuarão a pagar o preço de concorrer desvantajosamente com as imagens coloridas, dinâmicas e instantâneas da TV e com a cobertura ampla, regularmente densa, do jornal-revista.[5]

---

4. A palavra "livro" origina-se do latim *liber*, que é a tradução do grego *bíblos*, "casca". Os primeiros livros eram produzidos com folhas ou cascas de certos vegetais. O conceito de livro, linguisticamente, pelo menos, refere-se às folhas individualmente e não ao volume em si.

5. Nota à 4ª edição: *Life* foi relançada com bastante êxito, numa linha ligeiramente diferente da anterior – menos texto e muito mais fotografias, com ênfase em edições "monotemáticas", o que pode denotar uma tendência. As revistas semanais de informação, como foi corretamente previsto, vivem hoje sua fase de ouro, conforme se pode comprovar pelo número de publicações nessa faixa no Brasil e pela tiragem de *Veja*, no momento a maior do país. Além de serem as naturais complementadoras do jornal diário, oferecendo a informação "redonda", hoje passaram a oferecer maté-

Grande parte do que é hoje editado na forma de livro deverá encaminhar-se para as revistas. O mercado continuará aberto e ávido por publicações especializadas, em decorrência da própria inventiva humana. Cada novo setor do conhecimento, à medida que ganha ressonância na opinião pública, rende uma publicação específica.

As revistas dirigidas, de audiência cativa, distribuídas pelo correio para um público previamente fixado, tenderão a uma expansão ainda maior. Não apenas porque, sendo especializadas, complementam os jornais, mas porque operam sem encalhes, o anúncio pagando a circulação. A crise de papel terá como resultado imediato um reexame desse desperdício legalizado que é a sobra de exemplares. A revista dirigida livra-se do pesadelo do encalhe, cujos índices "normais" equivalem a cerca de 10% do total da tiragem, mas cujo custo é pago pelos 90% restantes.

O faro dos editores de revistas terá de aguçar-se ainda mais, perscrutando as novas motivações e oportunidades que invadem o consumidor de informações. São esses editores que transformam indícios em tendências, e estas em modismos.

A preocupação com o comportamento humano – por exemplo, a redescoberta da alma, que caracterizou os últimos anos, conduzindo a um exagerado "psicologismo" – resultou no aparecimento de publicações extraordinariamente bem-sucedidas, como *Psychology Today*, *Behaviour Today* (americanas) e *Psychologie* (francesa). Há dez anos, quem diria que uma revista de 500 mil exemplares de tiragem poderia ocupar-se exclusivamente com material de alto nível sobre a psicologia humana? E provavelmente dentro de cinquenta anos essas revistas terão de se adaptar a novos anseios, circunstâncias e gostos do público. A revista dirigida é, sem dúvida, um jornalismo de ocasião e oportunidade.

Especializadas ou não, as revistas tenderão igualmente à compactação de dimensões, não apenas pelo custo do papel, mas porque o formato grande se impunha para comportar ampliações fotográficas, tornadas desnecessárias pela imagem viva e pulsante da TV.

A periodicidade semanal, quinzenal ou mensal é, na realidade, o maior obstáculo à formação do hábito perseverante de adquirir uma revista. Quanto maior for o intervalo entre duas edições, mais frágil e sujeita a interferências se apresentará a sua compra. Nos países desenvolvidos, em que a tiragem das re-

---

rias exclusivas, longamente investigadas, terreno vedado a veículos velozes como o jornal ou a TV. A novidade no setor foi a qualidade visual: o semanário informativo tornou-se extremamente ilustrado e colorido, como não podia deixar de ser.

vistas supera a casa do milhão, a barreira da periodicidade foi derrubada pela assinatura, sendo a revista remetida pelos correios ou serviços de entrega. O engajamento do leitor passa a ser automático e duradouro.

Finalmente, chegamos aos jornais. Como se portarão daqui para a frente? Como enfrentarão a crise de papel – justamente eles, que, mais que qualquer outro veículo impresso, são puro papel?

Três categorias de problemas terão de ser enfrentadas; para facilidade de nomenclatura, chamemo-las de os três "Es". Assim, temos os problemas econômicos, estratégicos e os estilísticos.

Na faixa dos problemas econômicos colocam-se os relacionados com o aumento do preço do exemplar e o consequente aumento das tarifas de publicidade. Já se mencionou (Capítulo 1) a necessidade imperiosa de avaliar corretamente o preço do jornal. Falávamos que o preço mais elevado, e por isso mais justo, valorizaria o produto, alterando mentalidades e atitudes do leitor com relação ao seu jornal. É evidente que não se pode mais repetir a situação em que a circulação cobria todos os custos, ficando a receita da publicidade como lucro ou reinvestimento. Isso é impossível, ainda que desejável do ponto de vista de independência, devido às exigências cada vez maiores no tocante às despesas que garantem a qualidade de um jornal.

Agora, com os preços do papel de imprensa em alta, é imperioso que a receita proveniente da circulação tenha um peso mais ponderável no faturamento da empresa jornalística.

Um jornal-revista, como o que se preconiza para as metrópoles, fatalmente terá um preço significativo. Só assim o seu conteúdo será valorizado, só assim as suas opiniões, singulares e corajosas, poderão encontrar o suporte de cada leitor. Um jornal barato não precisa do amparo dos leitores e pode apresentar qualquer posição, qualquer atitude ou nenhuma opinião – o leitor pouco se importará.[6]

O relacionamento leitor-jornal, que um novo preço pode intensificar, revalorizará a opinião dos jornais, no Brasil ultimamente tão desestimulada. O aumento da dependência do jornal em relação ao leitor só pode trazer mais independência ao veículo.

Podem-se, assim, restabelecer as audiências cativas que os jornais, nos gloriosos dias do jornalismo independente, ofereciam aos seus anunciantes. Uma grande tiragem, hoje em dia, é circunstancial e pode baixar repentinamente, desde que o jornal deixe de apresentar algumas das suas características. Já uma

---

6. A distribuição de jornais gratuitos nos últimos anos, inicialmente bem-sucedida, não se converteu em uma tendência significativa na imprensa mundial. Pode ser um negócio rentável, mas a relevância é mínima.

audiência amarrada à independência do veículo – e apenas às suas eventuais atrações – é a garantia de um jornal lido, aceito, respeitado e, sobretudo, influente, tanto nas informações quanto nas mensagens publicitárias.

O aumento do preço das tarifas de publicidade, de certa forma, reordenará o comportamento de anunciantes e agências de propaganda. Até agora, a veiculação de um anúncio ou de uma campanha obedecia a alguns critérios científicos e muitos ditames políticos. Hoje, com os preços reais e altos para a publicidade, a mídia terá de ser realista e corajosa.

A distribuição de publicidade mais criteriosa obrigará os jornais a se repersonalizarem, já que cada verba terá de ser destinada explicitamente a uma camada, faixa ou fatia do bolo do mercado.

Quando ainda circulava o diário comunista *Imprensa Popular*, uma agência de propaganda o elegeu para uma série de anúncios de gás engarrafado, supondo que os operários que o liam eram os consumidores ideais do produto. O jornal recusou os anúncios sob a alegação de que o gás pertencia ao "esquema imperialista internacional".

Esse é um tipo de "realismo" quase anedótico: a agência certa e o jornal errado. Com a publicidade mais cara, cada jornal terá de caracterizar nitidamente sua audiência. Por menor que seja, deve representar um interessante mercado para a propaganda.

Entremos aqui no segundo "E", a classe de problemas estratégicos.

A hierarquização da mídia jamais é hegemônica. Quanto mais cresce um jornal, mais brechas deixa no seu rastro; quanto mais se amplia uma publicação, mais espaço deixa para competidores segmentados. No rastro de um veículo vitorioso em processo de expansão fatalmente encontraremos nichos e oportunidades sedutoras. O oligopólio da informação em uma sociedade realmente democrática é difícil, porém não impossível.

Uma rede de supermercados que não pode anunciar em grandes jornais fatalmente se interessará em anunciar num jornal de bairro, se houver. Esse tipo de jornal, fruto dos vazios deixados pelo crescimento dos jornais metropolitanos, surgiu em São Paulo, onde foram montados em rede justamente para absorver os anúncios das cadeias de lojas, e se converteram em sólidas empresas.

Outra medida estratégica por parte dos jornais em dificuldades seria o seu enquadramento em relação a uma audiência profissional. Até pouco tempo, tínhamos apenas dois tipos de jornais diários especializados no Brasil: os que lidavam com assuntos econômicos e comerciais e o *Jornal dos Sports*, do Rio de Janeiro. Este último, sabiamente, tentou aproveitar sua penetração no grupo de leitores jovens para tornar-se o jornal dos universitários.

O campo continua aberto para o jornal semiespecializado, já que não se pode obrigar o leitor, com a elevação do preço de venda avulsa, a comprar dois jornais por dia: um com noticiário geral e outro com noticiário particular.

O realismo resultante da crise do papel poderá acordar parte de nossos órgãos diários, que teimosamente disputam o terceiro ou quarto lugar entre os veículos de uma grande cidade, para a chance de ocupar o primeiro lugar como veículo dirigido ou especializado. É algo menos ambicioso, porém mais sensato.

A análise do desempenho passado também pode perfeitamente fornecer as tônicas que servirão de coordenadas para o futuro. Um jornal que sempre se caracterizou por sua combatividade pode reencontrar agora sua antiga fórmula e, dentro das limitações que o regime impõe, procurar assuntos que permitam o jornalismo investigativo. Um jornal que arrola entre seus sucessos passados a capacidade de prestação de serviços pode perfeitamente retomar o êxito se buscar o equivalente moderno para esse gênero de informação.

Chegamos enfim ao terceiro "E", de estilístico. Como deve ser o comportamento do próprio jornal, como tal, diante da atual conjuntura socioeconômica? Como conciliar doutrinas e normas dos tempos em que os "papeleiros" ofereciam contratos a longo prazo com os tempos de hoje, em que não se tem noção do estoque para o domingo seguinte? O que fazer? Simplesmente cortar o número de páginas? Mutilar e apequenar ou redimensionar?

O jornal, como veículo, sobreviveu até agora graças à acuidade intrínseca dos jornalistas, que permitiu que as tendências sociais que o ameaçavam fossem antevistas. Economistas ou empresários, diante da atual crise, simplificariam o problema, ordenando um corte de papel ou seu pronto fechamento.[7]

O jornalista, no entanto, preferirá o caminho mais difícil, mas para o qual está perfeitamente instrumentado: o engenho e a imaginação para criar um novo jornalismo.

---

7. Nota à 4ª edição: Importante consignar a diferença entre um jornalista em função gerencial ou executiva e um gerente não jornalista. O primeiro agirá sempre de forma mais criativa, mesmo em condições adversas; afinal, é a sua profissão que está em jogo, ele não sabe fazer outra coisa. Um profissional com outra formação, nas situações mais adversas, terá sempre um comportamento mais fatalista e conformado, desvinculado da profissão, sobretudo porque poderá voltar à antiga atividade. O mesmo pode acontecer em situações de expansão e êxito: o jornalista executivo sabe encontrar os limites do sucesso sem comprometer princípios fundamentais – caso de promoções, concursos, brindes e outros recursos que, às vezes, produzem milagres, mas que, se não forem dosados, podem levar o veículo a um grau de dependência fatal.

8. Novo jornalismo ou jornalismo renovado?

Quando um movimento carece de ideias, cuida-se logo de batizá-lo. A frenética etiquetagem que se processou no mundo, na última década, aí está para confirmar: o que não existe passa a existir ao receber um nome. E quando à designação de uma tendência, escola, estilo ou modismo se acrescenta o rótulo "novo" ou "neo", deve-se desconfiar mesmo da validade do seu conteúdo.

Recentemente, nos meios intelectuais norte-americanos, fabricou-se nova escola: o "novo jornalismo", tendo como expoentes os repórteres Tom Wolfe, Gay Talese, Jimmy Breslin, Norman Mailer, conhecido escritor e panfletário, e Truman Capote. O novo jornalismo preconizado é um velho estilo de escrever, adaptado ao que produzem aqueles intelectuais e seus companheiros, transitando entre a crônica, a reportagem e o depoimento. Não é uma nova concepção para o jornal, nem nova linha de trabalho ou atitude profissional. É um gênero renovado ao qual podem aderir alguns grandes nomes, cujo peso da assinatura faz que qualquer jornal ou revista dispute seus trabalhos, seja qual for o estilo em que escrevam.

O terceiro "E", representando o grupo de problemas estilísticos, trazidos pelos tempos novos, pede, assim, uma tomada de posição bem mais ampla do que comporta o *new journalism*.

Um jornal com menos papel, ou com nova proporção entre o espaço de anúncios e o de texto, pede novas concepções, assim como o mundo com menos petróleo e petróleo mais caro pede novos conceitos em matéria de transporte ou organização social e urbana.

Para começar, o jornal reformulado terá de engolir e aceitar a existência da TV como veículo noticioso e seu principal concorrente. Quando instalamos nas editorias do *Jornal do Brasil* aparelhos de TV, para que suas equipes assistissem aos principais programas noticiosos, não estávamos tomando uma iniciativa visando ao conforto dos jornalistas, mas constatando a entronização da TV como o fator com base no qual seria pensada e escrita a matéria jornalística para o dia seguinte.

Qual foi a novidade máxima alcançada pela TV dentro de determinado assunto? O jornal de amanhã, fatalmente, terá de adiantar-se com algo mais novo ou mais completo. Durante a produção do jornal farto de papel dos áureos tempos, podíamos nos dar ao luxo de, simultaneamente, noticiar, acompanhar e interpretar os acontecimentos. Agora, com um jornal mais compacto, teremos de optar, deixando o meramente factual para o rádio e a TV e reservando para o jornal o desdobramento do fato por inteiro, com todas as suas circunstâncias, e já não mais apenas com as primárias.

No *Jornal do Brasil*, iniciamos em 1963 a produção de matérias "redondas", isto é, que contivessem todo o desenvolvimento de um fato, e reservamos a edição dominical para ser a destinatária desse tipo de jornalismo de melhor acabamento. O "Caderno Especial", concebido na tarde de 30 de junho de 1962 (sábado) como desdobramento do primeiro caderno de domingo, pela incapacidade de as impressoras rodarem, de uma só vez, grande número de páginas, foi destinado a receber esse tipo de matéria.[1] O leitor de hoje não quer apenas saber o que acontece à sua volta, mas assegurar-se da sua situação dentro dos acontecimentos. Isso só se consegue com o engrandecimento da informação a tal ponto que ela contenha os seguintes elementos: a dimensão comparada, a remissão ao passado, a interligação com outros fatos, a incorporação do fato a uma tendência e a sua projeção para o futuro[2].

Enriquecidos com essa nova angulação e suas intenções, chegamos bem mais perto do jornalismo interpretativo e do jornalismo investigativo.

Mas, para adotarmos este último tipo de reportagem, teremos de reaprender muita coisa. A começar pelas resistências oferecidas dentro do próprio jornal. Há sempre um grupo que prefere o conforto e segurança de um jornal po-

---

1. Nas últimas décadas, praticamente todos os grandes jornais criaram seus suplementos ensaísticos, caso do *+mais!*, da *Folha de S.Paulo*, e do *Aliás*, do *Estado de S. Paulo*.
2. "Um acontecimento só será inteiramente entendido quando as suas tendências forem conhecidas." Charles Steinberg (org.), *Meios de comunicação de massa*. São Paulo: Cultrix, 1970.

deroso e calado às incertezas de um órgão que luta permanentemente para fazer valer a sua força.

O gênero investigativo foi sendo abandonado, aos poucos, pela imprensa brasileira, justamente quando os grandes jornais preferiram a linha "empresarial", que consiste basicamente em informar sem comprometer-se. O golpe fatal lhe foi desferido, de forma paradoxal, quando a "febre" da comunicação e do seu controle invadiu as instituições brasileiras. Organismos privados ou públicos passaram a organizar seus departamentos de informações para filtrar e divulgar, por meio de notas e *releases*, as matérias de seu interesse ou que lhes eram solicitadas.

O autoritarismo de 1964 trouxe nossa imprensa para a era da "nota oficial": o repórter recebe o texto em vez de cavar informações em várias fontes. O máximo que o jornalista se permite é acrescentar uma cabeça ou lide. Essa mentalidade de comunicação às avessas faz que as fontes de informação se fechem ao invés de se abrir ao trabalho individual de cada repórter, deixando apenas um guichê por onde são liberadas as informações que lhes convêm.[3]

O repórter e todo o processo jornalístico acomodaram-se e deixaram de investigar. O jornalismo brasileiro, como alternativa, passou a viver de eventos e levantamentos. A única abertura que nos permitimos foram as novas frentes de notícias, logo corrompidas pelo sistema de *releases*. Quando o jornalismo brasileiro preocupava-se apenas com a macroeconomia, isto é, voltava-se para os assuntos econômicos gerados em nível de governo, tentamos, no *Jornal do Brasil*, cobrir a microeconomia, isto é, os negócios. Até então, o noticiário sobre empresas ficava exclusivamente na esfera da comunicação das assembleias gerais com vistas ao mercado de capitais. Tentou-se incluir a vida das empresas privadas na pauta do noticiário, pois elas refletiam as grandes linhas econômicas nacionais. [No começo, as empresas adotaram a mesma postura dos órgãos públicos e só se comunicavam por meio de notas oficiais. Com o tempo, porém, a relação entre as companhias e os jornalistas melhorou, e está hoje em outro patamar.] Outro exemplo da criação de novas frentes e novas angulações de notícias ocorreu igualmente no *JB* quando, em 1972, desabou um supermercado num subúr-

---

3. Nota à 4ª edição: O repórter e o profissional de relações públicas, embora ambos jornalistas, estão em extremos opostos. O primeiro investiga os fatos; o segundo os produz. O repórter busca as circunstâncias, o comunicador social as tem prontas. As assessorias de comunicação social, eufemismo moderno para RP, deveriam estar organizadas em associações de classe diferentes, já que têm ética e interesses diferenciados. A publicidade e a propaganda, igualmente técnicas de comunicação, têm ainda menos que ver com o jornalismo. Não faz sentido, portanto, que se estenda a elas a discussão sobre a regulamentação da profissão de jornalista. Trata-se de atividade à parte, que, por isso mesmo, reclama enfoques particulares, específicos.

bio carioca. Dentro daquele espírito de descarregar em cima de um fato todas as baterias do jornal, o editor de economia, na ocasião Noenio Spínola, sugeriu que se ouvissem as empresas de seguro e se verificasse o montante do prêmio. A partir do episódio vigorou, como praxe, em todos os grandes acidentes, ou incêndios, a inclusão do "ângulo securitário" na reportagem. Mas a resposta do setor, por força do hábito que se enraizou, foi dar informações as mais amorfas possíveis. Assunto controverso não interessa – esta a inversão obtida pelos comunicadores brasileiros. "Jornal é controvérsia", sentenciava Paulo Bittencourt, filho do fundador do *Correio da Manhã*.

O jornalismo investigativo não é apenas jornalismo de sensações ou de escândalos. Relaciona-se com o jornalismo interpretativo ou analítico, pois, ao inquirir sobre as causas e origens dos fatos, busca também a ligação entre elas e oferece a explicação da sua ocorrência. Ao praticá-lo, necessariamente, não se obriga a postura de denúncia. Ele pode comportar uma postura grave, estudiosa e, sobretudo, responsável. E, desde que o jornalista adote o princípio filosófico de que qualquer questão oferece duas perspectivas – uma a favor e outra contra – e entenda que a boa reportagem é justamente aquela que consegue apresentá-las com equidistância, ele poderá então manter a objetividade e um bom padrão ético.

O caso Watergate corresponde a um modelo de jornalismo investigativo, perseverante e responsável. Estava já entrando no seu segundo ano quando este livro foi escrito, com os mais incríveis desdobramentos, e dele não se podia dizer então que havia exagero, informação capciosa ou denúncia sem base.

No Brasil, em geral ocorre que um dos lados envolvidos em caso controverso, sempre aquele em posição de acusado, recusa-se a prestar as informações requeridas (ou pior, tenta embargar a própria reportagem), induzindo o repórter a um parcialismo involuntário. [Nos últimos anos, essa tendência se aprofundou, criando uma variante da censura em que os denunciados recorrem à Justiça para impedir a divulgação dos fatos, o que levou o "Observatório da Imprensa" a designar esse expediente como "censura togada".] Esse jornalismo investigativo tirará o jornal diário da posição quase secundária que hoje está assumindo ao colocar-se à sombra da TV (ou como seu complemento). Mas é justamente o contrário que deve acontecer: o diário gera a notícia, puxa o cordão dos fatos, desamarra o fio dos eventos. É o repórter do jornal, pela desenvoltura de seu trabalho e pela ausência de complicada maquinaria a acompanhá-lo, quem pode buscar o fato escondido e não acontecido e recolocar o jornal na crista do processo comunicativo. Mas para isso é preciso vontade, disposição e, sobretudo, coragem para quebrar a rotina. Alguns executivos de jornal detestam quebrar rotinas, mas poucos deles sabem resistir à vibração e ao entusiasmo de um bom repórter quando ele pesca um bom assunto.

Próximo ao investigativo, o jornalismo interpretativo é dos gêneros que necessariamente deverão fazer parte do programa para um jornal contemporâneo. Já no *Diário da Noite* tentamos institucionalizá-lo com um tipo de matéria intitulado "Por Trás da Notícia", ligado por uma numeração às respectivas notícias e redigido pelo veterano comentarista Barreto Leite Filho. No *Jornal do Brasil*, aperfeiçoamos a tendência depois da implantação, já referida, do departamento de pesquisa – que, graças ao seu cabedal de valiosos dados e à existência de redatores especializados e categorizados, permitia embasar e explicar o material do dia com elementos permanentes.

O *Jornal da Tarde*, em São Paulo, e mais tarde a *Veja*, da Editora Abril, continuaram, cada um no seu estilo, o desenvolvimento do gênero. A tendência consolidou-se mais ainda com o envio de correspondentes fixos ou provisórios aos grandes centros geradores de informação, fornecendo os ângulos de maior abertura, enquanto a agência telegráfica ficava no factual.

No terreno do jornalismo internacional, é importante observar que há também uma rápida evolução para o trabalho interpretativo. À medida que os jornais brasileiros forem obrigados a limitar o número de assinaturas de serviços de agências internacionais, em virtude da economia de espaço e tempo, as agências tenderão cada vez mais a incorporar aos seus serviços regulares comentários e análises sobre os acontecimentos.

Tornar-se-ão inúteis os correspondentes no exterior? A pergunta será respondida quando tratarmos da nova dimensão a ser acrescentada ao jornalismo contemporâneo: o depoimento pessoal. Aqui, o aporte do *new journalism* talvez seja válido e importante. A transcendência dos assuntos levou muitos jornais e jornalistas a adotar uma posição e um estilo puramente ensaísticos, de alta categoria, mas sem o calor do testemunho. A presença do jornalista ao lado do fato ou dentro dele não acrescenta apenas veracidade, mas uma tremenda força narrativa.

O depoimento pessoal é mais uma das respostas do jornal à mídia eletrônica. Um repórter de TV pode narrar, com as imagens da sua câmara e os comentários superpostos, qualquer acontecimento com dramaticidade. Mas aqui temos de recorrer, de novo, às teorias: a realidade pode ser mais assimilável, porém, quando a imaginação age para recompor a realidade, a retenção obtida é muito maior. Um filme sobre os horrores da guerra será uma sucessão de cenas fortes sobre os horrores da guerra. Mas o depoimento de um jornalista que viveu esses horrores acionará a imaginação do leitor, que comporá com as suas próprias imagens (fornecidas pelas palavras do repórter) uma descrição forte e indelével do acontecimento.

Imaginação e imagem têm a mesma raiz. As figuras que o leitor mentalmente produz com as sugestões contidas nas palavras vão compor seu repertório de imagens, sua iconoteca, em outras palavras, sua imaginação. A transposição de uma cena fotográfica para a mente poderá ser bem fixada pela memória como um todo, mas a composição mental de uma imagem com os elementos próprios é mais duradoura. Walter Lippmann, em seus estudos pioneiros sobre opinião pública, escreveu um capítulo sobre "O mundo exterior e a imagem em nossa mente"[4], defendendo a tese de que, graças a essas imagens individualmente concebidas, as percepções diferem de leitor para leitor (o mesmo não acontece com a comunicação puramente visual, que fornece o quadro pronto e acabado; a assimilação por parte da audiência é maciça mas uniforme).

O depoimento pessoal, no entanto, não pretende apenas atingir o lado emocional, nem o aquecimento de um assunto pela linguagem calorosa. Pode-se substituir um levantamento maçante sobre determinado problema pela presença ativa do repórter, mas instrumentado com material previamente colhido. Para ilustrar, citamos o episódio da dificuldade que encontramos com vários jornalistas para produzir um levantamento sobre ferrovias no Brasil. Em vez da simples enumeração de dados e argumentos, no estilo monográfico, pretendia-se que o repórter vivesse os problemas ferroviários e apresentasse o que vira, e não apenas os dados que coligira. O repórter correu meio país e voltou com uma bela e tocante matéria sobre o problema dos retirantes nordestinos que fogem da seca de trem. Ora, o trem aqui era ocasional; dominante era o problema da miséria, da seca, do Nordeste, das migrações internas.

O depoimento pessoal sobre o problema ferroviário seria a descrição do gado morrendo em vagões parados há dias, mercadorias estragando-se à espera de trens atrasados, material extraviado, acidentes, passageiros sofrendo em viagens longas etc., tudo isso com o devido lastro de entrevistas e pesquisas.

O jornalismo investigativo, o interpretativo e o depoimento pessoal podem ser as ferramentas de nova atitude profissional. Com sua devida utilização, poderemos voltar ao jornalismo de *campo*, em oposição ao jornalismo de *gabinete*, que, na última década, dominou nossas redações. Esse jornalismo ativo representará fatalmente a revalorização do repórter. Isso significa um pouco mais do que creditar suas matérias. Quando tivermos todos os repórteres escrevendo a versão final dos seus textos (o copidesque sendo a última revisão e fiscalização), teremos então o jornalismo personalizado singular. O jornalismo de repórter conduzirá a uma reavaliação do conteúdo – e esse conteúdo compreende estilo,

---

4. Walter Lippmann, *Public opinion*. Nova York: Harcourt, Brace and Company, 1922.

organização da mensagem e avaliação de dados – em oposição ao jornalismo de massa de informação, que domina nossos veículos ultimamente.

Chegamos então ao problema crucial do jornalismo de amanhã. Ele é simbolizado pelo dilema seleção *versus* quantidade. Não sabendo discernir o que agrada ou interessa ao leitor, inventamos a tese do "cobrir tudo". Matutinos ou vespertinos (estes, naturalmente, jornais mais seletivos) engolfam-se na corrida quantitativa, obsessão cansativa e inútil. Na era em que o "furo" já não existe (qualquer assunto é novo – até aquele ocorrido há anos –, basta que um jornalista cuide dele), nossos jornais e jornalistas esfalfam-se no jornalismo de "primeira mão" e nas coberturas extensivas.

No velho *Última Hora*, Samuel Wainer encarregava Paulo Silveira de preparar, a cada manhã, uma lista de assuntos em que o jornal havia sido furado. No *Jornal do Brasil* instituímos uma verificação comparativa diária, que tinha a vantagem de oferecer um quadro resumido de informações do dia, mas, em última análise, era mesmo uma lista dos assuntos que não haviam sido por nós publicados.

A busca do "furo" foi, em certa fase, a essência do jornalismo e, em outra, a sua caricatura. Hoje, em plena era da informação e da comunicação, o conceito de "furo" não pode ser considerado essencial. É evidente que a procura incessante do novo é vital, mas é impossível a um jornal levantar *todos* os fatos novos.

Em um jornal de papel farto e barato, o jornalismo quantitativo era possível. Em um jornal com custo físico revalorizado, o caminho certo será o da seleção. Em um jornal com espaço ilimitado, a hierarquização dos temas era secundária, a própria relevância deixava de ser crucial. Em um jornal seletivo, voltaremos à discussão do que é mais importante. [O desenvolvimento da internet reforçou a necessidade de os jornais buscarem a seletividade.] E o que é importante? Em primeiro lugar, teremos de verificar a quem se destina o jornal. O grau de importância de um assunto é primariamente fornecido pelas características do leitor que compõe o perfil da audiência do veículo.

Esse questionamento sobre o que é importante nos levará fatalmente a rever algumas posições sobre tipos de jornal. Por exemplo: até recentemente, buscava-se fazer jornalismo nacional. A expressão está errada, porque o jornal diário não pode pretender uma circulação nacional, a não ser em certos países muito pequenos ou insulares (como o Japão e a Inglaterra). O que pode existir são grandes jornais de referência nacional ou mesmo internacional (como *The New York Times*, *Financial Times* e *El País*).

Tentar competir com jornais regionais produzindo um jornal nacional no Rio de Janeiro ou em São Paulo seria ignorar o princípio básico que comanda o mecanismo de motivação dos leitores: a identificação. Um jornal produzido no

Sul não poderá ser o veículo de um leitor que mora no Norte. A experiência, malsucedida, ainda no *Última Hora*, de fazer um jornal central com múltiplas tiragens dirigidas comprova que o leitor deseja a edição original.[5] [O diário esportivo *Lance!*, que circula em todo o país com edições adaptadas regionalmente, é uma notável exceção.]

Grandes jornais podem adotar uma postura de cobertura extensiva, mas, à medida que se amplia o escopo dessa cobertura, fatalmente se criam brechas que serão aproveitadas por outros veículos. Aconteceu com *O Estado de S. Paulo*: ao ampliar extraordinariamente seus horizontes, tornando-se o primeiro jornal brasileiro de referência nacional e internacional, abriu mão de certos níveis de notícia, deixando espaço para jornais provinciais de São Paulo (veja o Capítulo 7).

É o que está ocorrendo com os grandes jornais americanos, que, ao dilatar o âmbito do seu noticiário, criam condições favoráveis aos *provincial papers*, fenômeno significativo da imprensa americana.

Primeiro saber quem nos lê para depois saber o que publicar será a fórmula para um jornalismo realista e compatível com os dias de hoje. De forma geral, o leitor contemporâneo, qualquer que seja sua classe social, cultura ou idade, não tem condições de absorver grande massa de assuntos. Prefere ir mais fundo em alguns temas a passar por cima de dezenas deles. A multiplicidade da veiculação moderna, oferecendo tantas opções de informação, levará os jornais a procurar o caminho seletivo, em vez de estenderem-se na superficialidade.

A onipotência dos velhos tempos, quando o jornalista podia de um golpe só, numa edição, abarcar tudo que acontecia no mundo, deixando legiões de leitores insatisfeitos, dará lugar à criteriosa e ponderada atitude de optar, medir e avaliar. Cobrir tudo significa deixar de julgar. Escolher o que é importante e, depois, concentrar o engenho no aprofundamento da questão representa um estágio profissional aperfeiçoado.

Na discussão do que é importante, cabe inserir também uma dúvida que neste momento corrói redações de jornal. A prestação de serviços ainda é válida? Compensa gastar duas ou três páginas inteiras com a relação dos aprovados no vestibular? Vale desperdiçar um precioso espaço publicando a lista dos postos de vacinação contra a pólio ou das farmácias de plantão, das feiras livres etc.?

---

5. Nota à 4ª edição: Aqui, não apenas a tecnologia, mas as técnicas de comercialização e distribuição, impulsionadas pela necessidade de atingir públicos selecionados a um preço compatível, evoluíram de tal forma que hoje a revista *Veja* tem diversas edições regionais com um guia local e muita publicidade: as *Vejinhas*.

A comunicação tem o seu móvel na luta pela sobrevivência. O homem se informa para poder municiar-se devidamente e resistir. O jornal, pela periodicidade diária, é o melhor instrumento para o fornecimento desse material utilitário, o serviço, que vai tornar a existência possível e mais fácil na sociedade organizada.

Mas acontece que essa mesma sociedade organizada e aberta cria permanentemente condutos próprios de informação. Na mesma universidade onde se fez o vestibular está afixada a lista dos aprovados. É verdade que a publicação nos jornais facilita a locomoção e a procura dos nomes. Mas e o custo?

Houve um tempo em que os jornais do Rio publicavam, na íntegra, a cotação das bolsas de valores do Rio e de São Paulo, perdendo pelo menos uma página diariamente. Até que um dia, no *Jornal do Brasil*, achamos que bastava publicar um bom resumo da bolsa paulista, deixando que o leitor especializado fosse buscar nos jornais de São Paulo ou nos veículos técnicos a informação mais detalhada.

[O dilema sobre a publicação de "calhamaços" utilitários não tinha respostas definitivas até o aparecimento da internet. Hoje, cada jornal oferece em seu site os serviços diários ou eventuais que antes eram publicados no papel.]

O cuidado de manter os mesmos padrões por meio da sucessão de edições, de forma que o leitor reconheça seu jornal a despeito dos novos fatos que diariamente ocorrem, faz que alguns jornalistas considerem seus jornais intocáveis. As revisões agora propiciadas seguramente desvendarão um sem-número de surpresas. Quantas atrações mantidas e esquecidas há anos resistirão ao questionamento "Isso é válido hoje em dia?"

Dentro da inércia que costura, invisivelmente, cada edição com a seguinte, o leitor deve perceber que o jornal se mexe sempre. Mexendo-se o jornal, move-se o leitor, e, quando este percebe o movimento que sutilmente o envolveu e o conduziu adiante, liga-se ainda mais.

É esse o sentido do aperfeiçoamento que deve ocorrer no jornalismo. Não apenas a adoção de pomposos estilos e chancelas como a do "novo jornalismo". Precisamos de um novo espírito questionador que torne nossos veículos – tanto no conteúdo como na forma – vivos e renovados.

9. A foice e o buril

A crise do papel trouxe aos desavisados vários termos novos, sendo "compactação" um deles. E, ao se prenunciar duradoura, levou neófitos a adotar medidas de emergência, quando o certo seria encampar doutrinas e atitudes renovadoras.

Com a foice na mão, simplesmente se ceifaram páginas, cadernos, atrações e se abateram equipes. Com os orçamentos na mente, submeteram jornais a gigantescas prensas para apertá-los, encurtá-los, mutilá-los. A palavra "compactação" passou a valer como *ersatz*, amostra empobrecida.

Uma atitude renovadora como a que se preconiza para enfrentar crises pressupõe inventiva e imaginação. E o seu instrumento é o buril do escultor, que dá origem ao verbo burilar, aprimorar. O jornal compacto não é um jornal apertado, mas aperfeiçoado sob novas concepções. Do ponto de vista de conteúdo, já verificamos (Capítulo 8) de que forma, com maior seletividade e a revitalização do repórter, poderemos encontrar a fórmula para um jornal com menos papel e mais qualidade e permanência.

Aqui, nos ocuparemos da forma e aparência do novo jornal. Tirar os claros, diminuir o corpo dos textos e dos títulos, apertar fotos, retirar os acessórios gráficos não é a solução. Problema resolvido é aquele que não deixa aresta, e o simples aperto visual do jornal deixará uma aresta irresolvida: a satisfação do leitor. Como ele é o único a ser contentado, essa é a única hipótese de que não se pode cogitar.

Para explicar esse princípio será preciso nos aprofundarmos no problema dos padrões visuais contemporâneos. O leitor de hoje acostumou-se com certos parâmetros, dos quais não pode abrir mão simplesmente porque a sua mecânica ocular a eles se ajustou. Esse condicionamento do sistema óptico é um fato com que o comunicador deve conviver e que deve aceitar. E a partir do qual a aparência dos veículos há de ser estruturada.

A grafia ocidental, da esquerda para a direita e no sentido horizontal, é um dos alicerces do percurso obrigatório dos olhos, influindo decisivamente em nosso comportamento visual. Essa observação levou à conclusão de que a largura da coluna dos jornais deveria ser levemente estendida, de modo a evitar que a vista se cansasse com um incessante trocar de linhas. Por outro lado, a largura da coluna não pode ser exagerada, pois, nesse caso, quando os olhos chegarem ao fim da linha terão perdido a referência inicial da margem esquerda, o que ocorrerá fatalmente; para que não se perca, o leitor terá de fazer um tremendo esforço. Os primeiros jornais a adotar as novas medidas de coluna foram *The Christian Science Monitor* e *The Wall Street Journal*, dos Estados Unidos, o que alterou também o esquema clássico da página de jornal, que passou a ter módulos de cinco e não mais de oito colunas[1]. Mais tarde, o *New York Herald Tribune* (já desaparecido) adotou uma série de outros recursos, ganhando mais movimento e beleza e aproximando-se muito da aparência das revistas[2][3].

O importante não é o número de palavras impressas em uma página, mas o número de palavras que o leitor assimila. Considera-se que num texto de 50 mil palavras, em corpo 7, somente 25 mil são lidas. Um texto de 44 mil palavras em corpo 8 tem aproveitamento de 27 mil. Portanto, quanto mais densos forem os textos e mais bem apresentados, maior será o aproveitamento.

O estudo do movimento da pupila tem sido extremamente desenvolvido entre os comunicadores americanos. Com o uso de equipamento especial, sub-

---

1. Uma fórmula divulgada pelo professor Edmund C. Arnold fornece o tamanho ideal da coluna de modo a permitir uma leitura rápida e fácil: OLL (*optimum line length*) ou comprimento ideal da linha = 1 ca (*lowercase alphabet*) x 1.112.
Lowercase alphabet é o comprimento do alfabeto em caixa-baixa no corpo utilizado pelo jornal.
Dessa fórmula, Arnold extraiu duas outras: MnLL (tamanho mínimo de coluna) = OLL - 25%; MxLL (tamanho máximo de coluna) = OLL + 50%.
2. O famoso jornal, cuja edição nova-iorquina cessou de circular em 1966 (a edição europeia fundiu-se com a do *The New York Times* e continua sendo editada em Paris), tornou-se o primeiro modelo de jornal-revista. Inovou não apenas na forma de selecionar e tratar os assuntos como nos métodos de trabalho: a equipe de comando trabalhava em conjunto em reunião permanente, em uma mesa unificada; era uma espécie de *brainstorming*, findo o qual estava fechada a edição. O *Herald* foi a fonte inspiradora de um grupo de trabalho, chefiado pelo jornalista Murilo Felisberto, que se instituiu no *Jornal do Brasil*, em 1965, para estudar as reformas que seriam introduzidas no jornal.
3. Nota à 4ª edição: Jornais em seis colunas hoje são padrão.

mete-se o olho humano a uma mensagem e o equipamento registra o movimento da pupila sob efeito daqueles estímulos. Tais técnicas podem ser úteis no caso de embalagens, anúncios e *outdoors*, mas tem sido duramente criticado o abuso das suas conclusões.[4] No caso de jornais diários, a aparelhagem pupilométrica seria um exagero; o que vale é a compreensão geral dos fenômenos ópticos, seus ajustes a usos e costumes.

Um dos primeiros problemas do novo jornal será o do seu formato. Afora os estudos para a definição de novas dimensões de bobinas e de máquinas, a serem empreendidos por engenheiros, de modo a economizar nos cortes e nas margens, destaca-se o problema do tamanho do exemplar em si. A atual dimensão do jornal *standard* (38 cm x 58 cm) ainda é válida? Ou já estamos prontos também para a miniaturização do jornal, adotando o tabloide (que é o jornal *standard* dobrado ao meio)?[5]

Em nossa opinião, ambas as opções estão superadas. O formato ideal seria algo que se aproximasse do *Le Monde* (33,5 cm x 39,5 cm), de Paris, com seis colunas. O jornal grande permite e sugere esbanjamentos, além de ser inconfortável ao manuseio. Já o tabloide é pequeno demais e, paradoxalmente, leva a um desperdício de papel, pela perda da coluna central, onde ocorre a dobra, e também porque o formato pequeno obriga, por compensação, a uma tipologia grande. O tabloide é seletivo e sintético, próprio talvez para jornais semanais ou provinciais, mas indevido para jornais metropolitanos, os quais, ao alcançarem grande número de páginas de pequenas dimensões, não oferecem tanto conforto ao leitor.

A solução intermediária – o formato *berliner* – parece ser a melhor do ponto de vista do manuseio, da aparência e da coordenação de matérias, mas seu uso não se generalizou no Brasil.

O tamanho da fonte (corpo) é outra questão a ser rediscutida. A tendência da "civilização visual" era a de, progressivamente, aumentar o tamanho dos tipos empregados na composição dos textos. Há dez anos, o corpo utilizado normalmente para texto de jornais era o 6, mas ele foi aumentando, e hoje o usual é o 9.

---

4. B. Rice, "Rattlesnakes, french fries, and pupillometric oversell", *Psychology Today*, n. 7, fev. 1974, p. 55-9.
5. Em julho de 1999, 83 dos 96 jornais filiados à ANJ decidiram adotar um novo padrão de formato *standard*, reduzindo a largura das páginas em uma polegada, o equivalente a 2,54 cm. Atualmente, cada página mede 31,75 cm de largura por 56 cm de altura. A largura da área impressa diminuiu de 33 cm para 29,7 cm. Os suplementos em formato tabloide também mudaram, em consequência da redução da bobina de papel. A alteração foi feita para reduzir os gastos na compra de papel. A desvalorização do real, em janeiro de 1999, havia tornado mais caros os produtos importados. Alguns veículos, como a extinta *Gazeta Mercantil*, ainda resistiram à adoção do novo padrão, mas hoje não existe mais nenhum jornal relevante utilizando o antigo *standard* no Brasil.

Isso significa que houve uma ampliação de 50% na dimensão de cada letra, daí resultando um encurtamento de um terço na matéria do jornal. (A lauda composta em corpo 6 representa 18 cm/coluna. A mesma lauda em corpo 9 tomará 21 cm.)

A crise do papel fatalmente freará a maré montante de tipos grandes, impedindo que progrida indiscriminadamente. O que não pode suceder, porém, é a volta aos padrões antigos, que o leitor rejeitava e rejeita, até inconscientemente. Um jornal de composição apertada é uma mancha escura. Já uma página com fontes maiores produz uma impressão mais clara e mais limpa. Mas não foi apenas quanto à dimensão dos tipos que as audiências de hoje ajustaram-se a novos valores. Isso ocorreu também na visualização da mensagem impressa. Há vinte anos, o jornal era uma massa de composição, subdividida em texto e título, e mais um pequeno percentual dedicado à ilustração. Os ingleses e franceses iniciaram a utilização de ornamentos (negativos, grisês, aplicações mistas etc.), entre nós usados e abusados na imprensa vespertina pela "escola argentina" de paginação[6].

Excluindo esses recursos gráficos, não havia mais nada, e a própria distribuição dessa massa era irregular. As únicas páginas de jornal com leiaute eram as externas da edição (primeira e última). Amilcar de Castro, escultor e artista gráfico, trouxe para a imprensa brasileira o jogo de espaços e volumes, do confronto do horizontal com o vertical, da simetria com a assimetria, na fase Odylo Costa, filho, do *Jornal do Brasil* (1957).

A partir daí, criou-se nos jornais brasileiros uma noção de harmonia que, mais tarde, entrosou-se com o conceito, a ordenação e a disposição do material, típicos do jornal-revista, que caracterizou fase posterior do *Jornal do Brasil*.

O leitor habituou-se ao jornal bonito, logicamente apresentado e racionalmente disposto. A revolução do desenho industrial tornou a funcionalidade uma questão estética e o jornal beneficiou-se diretamente desses novos valores.

Os antigos ornamentos foram substituídos por novos elementos gerados na edição do material. São subtítulos, entretítulos, boxes e textos complementares que, além de movimentar e embelezar uma página, facilitam sua leitura. Esses recursos editoriais e formais, típicos de revistas, foram adotados pelos jornais e destinam-se a propiciar a *dupla leitura*.

A dupla leitura origina-se no estilo tipográfico dos velhos tratados religiosos, notadamente israelitas, em que o texto principal, mais curto, era composto em corpo maior e os comentários, mais extensos, dispostos à sua volta em corpo menor. O sistema foi revivido pela revista *Planète* e é adotado, com variações,

---

6. Os mais importantes representantes dessa escola foram Andrés Guevara e Ricardo Parpagnoli.

em grande número de publicações e livros, especialmente os didáticos. Consiste em oferecer, com a ajuda de corpos maiores e textos sintéticos, uma primeira ideia do conteúdo daquela matéria, de modo que o leitor, em duas ou três frases, tenha o seu interesse despertado para uma segunda leitura, mais demorada e profunda.[7]

Além da técnica de dupla leitura, reviveram nos últimos anos a charge, o desenho estilizado de personagens conhecidos e outros tipos de ilustração a traço, como mapas, gráficos e estatísticas dinâmicas. O fio de paginação, que tinha sido completamente abolido por Amilcar de Castro[8][9], impregnando quase toda a imprensa brasileira, voltou a ser utilizado. Seu emprego, agora mais discriminado, passou a ter função e objetivos estéticos. Com o crescente uso de equipamento ofsete, tornaram-se muito fáceis as aplicações de texto sobre fotos, que impressionam pelo efeito, mas devem ser empregadas com parcimônia, evitando-se a combinação de elementos tão díspares.

Esse repertório de recursos que o leitor absorveu e passou a exigir dos veículos já não pode ser dispensado, retornando-se ao ascetismo anterior do binômio texto-fotos. O jornal com menos papel, ou aquele conscientizado quanto ao seu custo, não pode deixar de lado as conquistas visuais decorrentes da lei do menor esforço e do maior apuro estético, ambos frutos do nosso processo civilizatório.

Uma característica que deve ser reexaminada e reestabelecida é a da divisão dos jornais em cadernos. Esta decorre do preço irrisório do papel, das rotativas que não tinham capacidade para rodar cadernos muito volumosos de uma só

---

7. Nota à 4ª edição: Na edição de revistas, hoje, os acessórios de leitura são corriqueiros e indispensáveis: títulos de continuidade para levar o leitor de uma página a outra (fenômeno que não existe no jornal), boxes com informações complementares, olhos acrescentados aos títulos principais, chapéus (antigamente chamados de retrancas) para marcar a seção ou tema. Na revista *Time* desenvolveu-se extraordinariamente a utilização de gráficos e mapas, verdadeiros resumos animados das matérias (elementos igualmente de dupla leitura), no Brasil chamados de infográficos.
8. Quem "descobriu" Amilcar de Castro foi Otto Lara Rezende, seu colega na Faculdade de Direito, em Belo Horizonte, levando-o para a *Manchete* (da qual Otto foi diretor). De lá, Janio de Freitas levou-o para o *JB*.
9. Nota à 4ª edição: Amilcar voltou ao *JB* no final dos anos 1960 para complementar e atualizar suas concepções originais; em meados da década seguinte, os proprietários, na ânsia injustificada de fazer um novo jornal, em vez de mudar de postura política adotaram alguns recursos extremamente infelizes propostos pelo falecido *designer* Aluizio Magalhães; poucos anos depois, no mesmo impulso e na sua pior fase política, a direção descaracterizou sua primeira página, acabando com uma de suas marcas – o tradicional "L" dos anúncios classificados. Essas sucessivas tentativas de mexer no visual do *JB*, sua característica mais marcante, nos obrigam a refletir sobre a validade da estratégia de alterar a aparência do jornal quando, em geral, o afastamento dos leitores decorre de sua irritação ou fastio com o conteúdo.

vez, tudo temperado pela "funcionalidade" americana, que repartiu o jornal organicamente entre os vários membros da família. Assim, não apenas nos fins de semana, mas mesmo nas edições dos dias magros, o jornal era concebido por partes, para os três leitores de cada edição citados pelas estatísticas, e não como um universo único. [Esta "cadernização" foi estimulada pelo aproveitamento das suas capas para anúncios coloridos e continua sendo responsável por uma separação indevida do conteúdo informativo.] Essa compartimentagem do jornal foi fruto, igualmente, da situação marginal em que se encontrava a leitora, mantida num afastamento total do contexto do noticiário. Ainda que à mulher fosse destinado um grande contingente de mensagens comerciais, endereçava-se a ela apenas um tipo de informação – o serviço (moda, casa e crianças).

A emancipação da mulher trouxe consigo o fim de páginas e cadernos fechados, exclusivamente femininos. No *Jornal do Brasil*, empreendemos essa pequena revolução em março de 1972, ao liquidarmos a editoria feminina, incorporando-a ao esquema da produção de matérias leves; ao retirarmos o tom feminino da *Revista de Domingo*, que se tornou uma publicação para a família; e ao trazermos para o primeiro caderno uma série de novas rubricas de noticiário, como "comportamento" e "vida moderna", cuja introdução no Brasil deveu-se ao *Jornal da Tarde* e, mais tarde, à *Veja*, ambos sob a direção de Mino Carta.

Essa nova modalidade no tratamento da mulher produziu-se, como sempre, por exigência dela própria e do faro jornalístico para captar as transformações sociais em curso. Sem dúvida, a TV ajudou a mulher a sair do limbo informativo em que se encontrava, mas foi com o jornal que ela se integrou ao panorama internacional (a revolta dos jovens, a crise ambiental, a violência), às descobertas científicas (transplantes, aventuras espaciais, novas drogas, novas curas) e à vida nacional, com o maior pragmatismo do noticiário econômico (inflação, mercado de capitais, novos produtos, crise de matéria-prima).

O jornal seletivo para os dias de hoje é também um jornal mais equilibrado. O assunto transcendental pode merecer o mesmo espaço e ficar na mesma página de um assunto dito leve. A vida moderna teve o mérito, ou demérito, de banalizar ou arejar a escala de valores do ser humano. Como não nos cabe reformar nem enfrentar tendências, mas detectá-las, prevê-las e dar-lhes continuidade, o lazer, os espetáculos, os novos mitos, as amenidades passaram a constituir-se em *pièces de résistance*.

O jornal dividido em cadernos, suplementos e seções – o sério de um lado, o banal de outro – já não se compreende na era do amálgama e da integração. O "jornal total" teria vantagens editoriais, industriais e, sobretudo, publicitárias, pois não haveria diferenças de preço (de acordo com o caderno escolhido) para os anúncios. Longe de estimular, essas diferenças afugentam os pequenos anunciantes. Estes, paradoxalmente, preferem mensagens curtas em páginas caras, mas de efeito assegurado. A não ser que existam problemas de ordem mecânica, a unificação e a integração dos jornais são recomendadas.

Um jornal mais caro, seletivo, bem cuidado quanto ao texto e à forma, fatalmente terá aprimorada sua impressão. Ainda que se tenham gastado milhões de dólares no reequipamento da imprensa brasileira, não se cuida devidamente da qualidade final do produto. Nesse ponto, ainda não surgiu na imprensa diária uma figura como Adolpho Bloch[10], que, graças ao seu passado de impressor, trouxe ao jornalismo hebdomadário brasileiro um padrão de qualidade difícil de encontrar, mesmo em países mais adiantados.

Em geral, a nova rotativa do jornal serve apenas para rodar mais depressa um maior número de páginas, e o equipamento de reprodução, só para fazer clichês ou fotolitos em tempo recorde. A preocupação com o jornal bem impresso é praticamente inexistente, tanto no nível empresarial como no jornalístico.

A má qualidade da impressão do jornal brasileiro deve-se também à precariedade do material humano que lidava com o seu acabamento. Só hoje começamos a contar com engenheiros ou técnicos de nível médio com especialização em indústria gráfica.

Chega-se finalmente ao problema do uso da cor no jornal. É válida? Em caso positivo, como processá-la? Apenas em tricromias ou também como reforço de ornamentos e aplicações? Aqui, o jornalista "puro", aquele que acredita no impacto do preto e branco, terá de ceder ao avanço tecnológico. Os fabricantes de rotativas, seja no sistema ofsete, seja no sistema *letterpress* (tipográfico), caminham inexoravelmente para equipamentos que reproduzam com grande rapidez e qualidade fotos coloridas. Em 1955, havia nos Estados Unidos e no Canadá 656 jornais equipados para imprimir tricromias. Em 1964, esse número subiu para 1.139, chegando a 2 mil em 1970. Se a foto de um jogo de futebol ocorrido no domingo à tarde pode ser publicada sem atraso na edição de segunda-feira, qual o óbice? Se um caderno infantil pode ter as suas atrações coloridas, por que impedi-lo? Assim como o cinema teve de ceder ao som, à própria cor e à tela panorâmica, também o jornal terá de ceder em seu purismo à policromia. Desde que processada com rapidez e em um sistema que não tire da fotografia seu realismo, a impressão colorida é uma vantagem e um passo à frente, e, por isso,

---

10. Adolpho Bloch (1908-1995) foi diretor-presidente da Bloch Editores e criador da revista *Manchete*. Empresário gráfico, criou um grande grupo de mídia no Brasil, que sucumbiu durante a crise dos anos 1990 e em função de problemas de gestão.

não pode ser desprezada. Especialmente porque um jornal mais caro deve oferecer compensações materiais. Nesses casos dispensa-se o uso da cor em aplicações de fios, traços ou texto, não apenas porque seria de gosto duvidoso, mas porque a massa de cor absorveria o impacto do preto, que corresponde ao texto, matéria-prima básica do jornalismo. O *USA Today* utiliza em profusão não apenas a cor nas fotos como também como fundo de títulos e seções. O tabloide inglês *Today*, considerado tecnicamente o mais moderno do mundo, emprega sem parcimônia a cor, também não se limitando às fotos. Nos dois casos, alegam seus responsáveis, o fazem por uma imposição dos padrões da TV.

 O novo jornal, fruto da crise do papel e das transformações que ela provoca, adquire nova presença de conteúdo, novos contornos formais e procura um equilíbrio entre os desígnios como órgão de interesse público e meio comercial. Aqui, é a guerra. Como combinar o incombinável?

10. Um dilema que não existe

....

Primeiro um bom jornal e depois uma grande empresa ou vice-versa? Até poucos anos atrás, o diretor-proprietário do jornal era jornalista, o que facilitava ou até mesmo dirimia a questão, pois a prioridade era naturalmente concedida à criação de um grande órgão, ainda que as finalidades posteriores pudessem ser, para alguns, menos límpidas. Hoje, com as vultosas somas que envolvem o empreendimento jornalístico, ou por uma questão de sucessão, a nova liderança nos jornais passa a ser assumida pelo "empresário".

A expressão serve para designar o homem de negócios que, sem treinamento profissional, psicológico, ético e cultural, assume o comando de uma instituição jornalística. Há jornalistas que são empresários de jornal; nesse caso, as aspas são desnecessárias e a dicotomia deixa de existir, porque permanecem jornalistas. [A crise internacional da mídia ocorrida na virada do século foi em parte provocada pela excessiva valorização de executivos não jornalistas no processo decisório de muitas empresas de comunicação. Modificações estruturais foram adotadas no mercado de jornais por pessoas que desconheciam as sutilezas e especificidades do chamado *core business*, o negócio principal: os veículos impressos. Apesar do seu DNA "midiático", o magnata Rupert Murdoch foi o grande incentivador dessa descaracterização da gestão jornalística.] Henry Luce construiu o império *Time-Life* e entrou para a história do jornalismo como um inovador, conseguindo harmonizar o talento profissional com a operosidade do homem de empresa. A família Ochs-Sulzberger se sucede há várias gerações no comando do The New York Times, sem que a grande corporação e a qualidade jornalística tenham sofrido abalos ou interrupções. [A questão da sucessão familiar continua em aberto até os dias de hoje.] A premissa é a de que apenas o jornalista (seja ele empregado ou empregador) pode esvaziar o conflito contido na pendência "um grande jornal ou uma grande empresa?" com a afirmação "um grande jornal e uma grande empresa". *Ou* é conjunção alternativa. *E*, conjunção copulativa, unifica duas orações afirmativas.

Gramática à parte, pode-se montar uma empresa economicamente lucrativa sob um jornal independente e vigoroso. Aliás, a empresa só chega a ter força e a produzir lucro depois de uma fase em que o jornal, sendo pequeno, adota um comportamento livre e firme. Graças, justamente, à sua independência e determinação é que o jornal se torna respeitado e influente. Nesse momento, começam as complicações geradas pelos grandes interesses em jogo. Ou apetites.

Um jornal que cede a uma pressão cede a todas. O caminho é manter inviolável o compromisso com a verdade; só isso pode tornar um jornal mais prestigiado, aceito e, portanto, lucrativo.

Um grande jornal sempre deve comportar-se como se fosse um pequeno jornal. Não apenas por uma questão de humildade, mas também em função da preservação de seus princípios. Se um dirigente de jornal, ou alguém do escalão que o represente, disser, em tom de desculpa: "Afinal, há grandes interesses em jogo...", podemos concluir que estamos num grande jornal que já se esqueceu dos dias em que foi pequeno.

O mesmo processo ocorre dentro da empresa jornalística. Enquanto pequeno e ágil, todos dentro do jornal lutam para conquistar novas posições e, assim, o empreendimento se desenvolve e se projeta. Mas quando o destaque é alcançado, amarram-se ao imobilismo, pois ninguém quer arriscar as posições conquistadas.

O prestígio de um jornal (e de jornalistas) é uma faca de dois gumes, e, por isso mesmo, extremamente perigoso. Quanto mais influente, mais perto está de perder essa influência. Quanto mais poderoso, salvo se contar com a sadia disposição de não se deixar impregnar pelo poder, mais perto está do descrédito – ou do comprometimento.

Esse ponto de equilíbrio entre o sucesso econômico e o êxito jornalístico só pode ser notado por aqueles que, no comando de uma empresa de comunicação, além do treinamento específico e objetivo para tomar decisões de cunho comercial e financeiro, têm incorporado ao seu comportamento pessoal o compromisso de preservar os valores da instituição.

Surge aqui o termo "instituição", que merece consideração cuidadosa. A imprensa só pode existir no regime da livre-iniciativa, seja ele puramente capitalista, seja socialista-democrático. A detenção dos órgãos de comunicação pelo poder político invalida-os; eles devem agir como neutralizadores desse poder.

É essencial, portanto, à sobrevivência da imprensa que ela permaneça em mãos de particulares. No entanto, é preciso também que essas mãos estejam comprometidas com uma escala de valores distinta das demais corporações da sociedade capitalista. Sendo propriedade privada, o jornal tem obrigação de ser eclético, abrigando várias correntes e tendências de pensamento. "O monolitismo e o absolutismo de opinião de um jornal justificam a intervenção do governo na área da imprensa", dizia Ruy Mesquita, ex-diretor do *Jornal da Tarde*, de São Paulo.[1]

A S. A. Jornal de Pirapora é uma empresa gerida visando ao lucro e ao reinvestimento, isto é, voltada para o crescimento. Mas, além de ser uma sociedade anônima, como diz sua razão social, destina-se a fabricar um produto que, por motivos intrínsecos, difere totalmente de qualquer outro da sociedade industrial. Uma fábrica de biscoitos tem compromissos éticos e responsabilidades no tocante aos ingredientes e à higiene; além disso, o produto não sofre nenhuma outra injunção de ordem moral.

Já a empresa que fabrica um jornal só tem compromissos subjetivos, porque a natureza do produto é cultural, sua atuação situa-se no terreno institucional. O processo de ler, coletar e manusear informações é puramente intelectual; assim, os valores que regem sua linha de montagem são diversos daqueles aplicados na fabricação de biscoitos.

---

1. A *op-ed* ou *opposite-editorial-page* (página frontal aos editoriais) foi inovação introduzida pelo *The New York Times* em 21 de setembro de 1970, exatamente para ventilar pela multiplicidade o setor opinativo do jornal. Seu primeiro editor foi Harrison Salisbury. Convidando-se colaboradores especiais – jornalistas ou não – e ampliando a participação dos leitores por meio da seção de cartas, dinamizou-se o quadro de articulistas com o elemento-surpresa e arejou-se a posição do jornal com matérias seguindo outras tendências que não aquela da instituição. Outros jornais americanos, especialmente o *Los Angeles Times*, procuram apresentar aos leitores uma equipe de colaboradores e articulistas bem heterogênea e flexível, do ponto de vista político e ideológico, a fim de salvaguardar a imparcialidade e a isenção, medida indispensável à sobrevivência do jornalismo como atividade privada.
Nota à 4ª edição: A *Folha de S.Paulo* não tinha página de opinião, nem mesmo opinião, até junho de 1975. Com o sucesso da sua página opinativa, que se destacou em uma imprensa ainda sujeita à autocensura, o jornal imediatamente criou uma segunda página, no que foi imitado pelo *Jornal do Brasil* logo depois. A *op-ed page* da *Folha* mantém em parte a característica funcional desse tipo de página, abrindo-se às várias tendências e opiniões mesmo quando contrariam as cruzadas do jornal, caso da sua ofensiva contra o diploma de jornalista. Já a *op-ed page* do *JB* é meramente uma extensão da opinião do jornal, com exceção da colaboração diária do genial satirista Millôr Fernandes.

Nesse sentido, a introdução do termo "instituição" é de grande valia; enquanto a empresa que detém o título de um jornal e gere sua operação é eminentemente comercial, sua atividade, seu comportamento e seu produto enquadram-se no nível institucional. O destino de um jornal não concerne apenas aos seus proprietários, mas à sociedade que representa (veja o Capítulo 4). Sendo ou devendo ser o quarto poder, a imprensa não é o instrumento arbitrário daqueles que nominalmente detêm a posse dos veículos. Acima de número de ações (ou procurações), quem dirige um jornal tem compromissos com a opinião pública. Ao reclamar a liberdade de imprensa, obriga-se a criá-la em seus próprios veículos. É por essa razão que, no regime autoritário, certos empresários de jornal movimentam-se com tanto desembaraço.

O esquema das grandes corporações americanas, em que a direção não é permanente, mas profissionalizada, talvez possa ser a maior contribuição que o capitalismo moderno trouxe à organização da empresa de comunicação. Algumas empresas jornalísticas brasileiras conseguiram, até a presente geração de proprietários, um ponto ótimo de equilíbrio entre os ditames lucrativos e a sua destinação institucional; mas quantas soçobraram?

O problema dos compromissos públicos de um jornal leva à análise de sua organização interna. Um jornal isento e independente pressupõe uma estrutura interna harmônica e liberal, sobre a qual pode ser apoiada essa atitude. Aqui, chega-se ao item da organização da cadeia de comando de um jornal. Até a década de 1950, no Brasil, o sistema dominante era o do jornalista-proprietário da empresa, mola central do processo jornalístico. A exceção surgia nos casos em que os proprietários mais ligados à atividade política ou econômica delegavam o comando a um profissional.

Em geral, esse tipo de delegação chegava ao nível da chefia da redação, isto é, o controle da feitura jornalística. Dependendo do maior ou menor relacionamento do chefe de redação (ou secretário) com os proprietários, sua área de influência podia também alcançar a parte de orientação. Mas isso era raro; normalmente, o chefe da redação atuava como o conduto das determinações recebidas, transformando-as em letra de forma.

O sistema adotado por Nascimento Brito no *Jornal do Brasil* foi inovador. A criação e o reforço do cargo de editor-chefe, a partir de janeiro de 1962, representaram um passo à frente não apenas na reestruturação funcional de uma redação, mas na orgânica interligação da operação jornalística com as empresariais. A medida foi prontamente seguida pela maioria dos jornais brasileiros; hoje, a função de editor-chefe está consagrada.

O editor-chefe é o jornalista que leva à diretoria – especialmente àquelas constituídas de não jornalistas – o aporte profissional. No entanto, faz também o percurso contrário, levando à redação, em termos devidamente traduzidos, sua orientação, sua concepção e suas normas.

A criação do cargo foi importante não apenas no relacionamento vertical, mas também no horizontal. A homogeneização e a universalização de um jornal são resultado direto do consenso, do equilíbrio de funções dentro de uma equipe. O sistema de editores, catalisado e ativado por um editor-chefe, parece ser a melhor forma de organizar uma redação.[2]

Talvez só na indústria cinematográfica haja função equivalente à do editor-chefe: a do produtor, mobilizando e engrenando os talentos para a realização de determinado objetivo cultural.

Como se disse, a presença de um jornalista com *status* hierárquico e funcional serve para oferecer à direção não profissionalizada a opção jornalística. Pode servir igualmente como alternativa válida para enfrentar uma grave questão que começa a tomar conta das redações dos grandes jornais europeus: a cogestão[3]. Em vários países e em grandes jornais e revistas, já foi arguido o direito dos proprietários de se considerarem senhores absolutos da opinião e orientação dos seus veículos. Essa oposição é maior nos casos em que o jornal é menos flexível e liberal, ou cuja direção é menos jornalística.

A "revolta dos redatores", como a chama Jean-Louis Servan-Schreiber[4], que a estudou em profundidade, originou-se no *Le Monde*, em 1951. Foi, na realidade, consequência da dominação nazifascista sobre a imprensa francesa durante a Segunda Guerra. As autoridades da ocupação e os colaboracionistas limparam

---

2. Nota à 4ª edição: Samuel Wainer, mais uma vez, foi o precursor ao criar no seu jornal editorias que, na realidade, o eram apenas no nome, dada a precariedade de recursos da empresa; quando fui chamado para dirigir as duas edições do *Última Hora* (a matutina, logo desativada, e a vespertina), ocupei a posição de editor central. No *JB*, meu antecessor, Omer Mont'Alegre, detinha o cargo de editor-chefe, designação muito empregada nos Estados Unidos, sobretudo no setor de revistas. O dono do jornal ofereceu-me o cargo de redator-chefe, até então comum na imprensa diária brasileira, que recusei, pois subentendia a responsabilidade pela linha do jornal. Logo em seguida, comecei a organizar o jornal em editorias reais e autônomas, inclusive a de fotografia (ao que consta, a primeira da imprensa brasileira) e a de pesquisa, também inédita (os jornais, até então, quando muito, tinham arquivos, o que não era o caso do *JB*). O ato de editar é um conceito jornalístico moderno, sobretudo no campo das revistas; o editor, além de cuidar do texto, enriquecendo-o, promove sua adequação às ilustrações e ao visual da matéria.
3. Nota à 4ª edição: Raciocínio errado – nem o editor-chefe, nem um profissional de qualquer outro cargo, com exceção do *ombudsman*, podem constituir alternativa para qualquer sistema de cogestão, o que não implica dizer que este seja efetivo.
4. Jean-Louis Servan-Schreiber, *Le pouvoir d'informer*. Paris: Laffont, 1972. O autor é irmão do jornalista Jean-Jacques Servan-Schreiber, fundador e diretor do *L'Express*, do qual se desligou.

as redações dos jornais franceses dos elementos liberais e esquerdistas, passando a desempenhar o papel de arautos da propaganda totalitária. Os proprietários, assim, sofreram um processo de descrédito, sendo raros aqueles que preferiram sabotar seus jornais a pô-los a serviço da tirania.

A reviravolta veio depois da guerra, quando o novo governo francês puniu os colaboracionistas. Nessa ocasião, vários jornais nascidos na Resistência deixaram a clandestinidade. Um deles foi o *Le Monde*, nascido em dezembro de 1944, a pedido de Charles de Gaulle sob a inspiração de Hubert Beuve-Méry, um jornalista íntegro e austero, de 43 anos. Em 1951, desentendeu-se com os acionistas do jornal, mas a redação ameaçou paralisar o trabalho se ele não continuasse à testa do jornal e se parte do capital da empresa (28%) não fosse distribuída entre os empregados jornalistas – mais tarde, esse percentual subiria para 49% destinados aos jornalistas e 11% aos gerentes.

Em 1965, quando Pierre Brisson, diretor do *Figaro*, morreu, a redação rebelou-se contra a autoridade do proprietário Jean Prouvost, criando uma polêmica legal que durou cinco anos e terminou com um compromisso entre as partes. Entrementes, foi criada a primeira "sociedade de redatores". Daí em diante, cada vez que os proprietários de um jornal ou revista na Europa tomavam uma decisão drástica, que afetasse os destinos do veículo, formava-se uma sociedade de redatores. De modo geral, isso acontecia quando se processava uma mudança no comando da redação. O ideólogo da revolta dos jornalistas foi um redator do *Le Monde*, Jean Schwoebel[5].

Existem na França cerca de trinta sociedades de redatores, mas nenhuma delas tem o poder decisório da do *Le Monde*. Funcionam como células sindicais e corporativas, mas não alcançam o estágio da autogestão.

O "conselho de redação" ou a "sociedade de redatores", ainda que fascinantes – porque se aproximam do sonho do *jornal de jornalistas* –, contêm óbices estruturais: a) o regime colegiado é amorfo; b) tendem para o paternalismo; c) são lentos; d) são difusos, porque um jornalista, no centro da decisão, tem a visão de conjunto, mas um redator ou um editor, em meio ao fogo do seu trabalho setorial, não a tem.[6]

---

5. Schwoebel era, em meados dos anos 1970, o encarregado no *Le Monde* de cobrir os assuntos sociais. Publicou o livro *La presse, le pouvoir et l'argent*. Paris: Seuil, 1968.
6. Nota à 4ª edição: A crise do *Le Monde* pode ser, em parte, atribuída ao lento sistema de gestão coletiva diante da concorrência imposta por um jornal de esquerda, não ideológico, porém muito mais ágil como o *Libération*. Uma cooperativa também pode ser gerida dinamicamente por um esquema decisório vertical. Podem combinar-se diferentes formas de "abrir" a empresa jornalística: a) uma diretoria profissional, respondendo a uma diretoria acionária; b) um conselho editorial com poderes; c) um *ombudsman*; d) constituição de sociedade de capital aberto à subscrição popular; e) uma direção competente e aberta, respeitando os profissionais a ela subordinados (naturalmente a recíproca deve ser igual).

No Brasil, uma tímida experiência cooperativa foi empreendida no *Jornal do Brasil*, quando, em 1966, fundou-se a Agência JB, Serviços de Imprensa Ltda., que funcionava como agência de notícias para jornais do interior e do exterior. Sua constituição acionária era inédita: 51% pertenciam aos proprietários do Grupo JB e o restante aos principais executivos da redação. Apesar de grandes dificuldades – tanto na área da redação, pelas razões antes expostas, como na da diretoria, por outras óbvias –, a AJB foi um sucesso jornalístico, tendo se transformado na grande e única agência brasileira e num êxito comercial. Seu balancete de novembro de 1973 dava um resultado positivo de US$ 128 mil ao câmbio da época. No rol de seus clientes regulares encontravam-se todos os grandes jornais brasileiros fora do Rio e de São Paulo.[7]

A presença do jornalista no ápice da hierarquia da empresa jornalística, com uma liderança natural e incontestada, sobre os setores de apoio e comercialização, representa, para a redação, a tranquilidade de saber que os critérios de julgamento e decisão serão sempre pertinentes e compatíveis. A falta de um conduto desse tipo é a volta ao sistema do *diktat*, que imperava nos velhos jornais brasileiros, transmitindo à corporação a indefectível sensação de sufocamento – primeiro degrau do emperramento jornalístico – e a imprevisível ânsia de revolta – etapa inicial da desarmonia social. Uma equipe de jornalistas acuada pode, no máximo, produzir um boletim de informações, nunca um jornal. Nesses casos, ela destila o germe da revolta. "Os jornalistas, os primeiros a ser informados por dever do ofício, são assim os primeiros a ser sensibilizados", conclui Jean-Louis Servan-Schreiber.

É preciso, no entanto, que se evite a todo custo o endeusamento do jornalista dentro da empresa jornalística. Não se pode permitir, igualmente, que se volte ao velho estilo, quando as redações viviam às turras com os setores administrativos e, especialmente, com a publicidade. Não existindo o conflito entre empresa e imprensa, cabe ao jornalista saber enquadrar-se num sistema organizacional, sem o qual é impossível sobreviver na velocidade e segundo os parâmetros em que o empreendimento jornalístico opera.

O profissional de imprensa atualizado deve capacitar-se realisticamente para as injunções econômicas, organizacionais e administrativas que envolvem o desempenho da sua atividade. O jornalista frequentemente defende-se das obrigações de organização adotando a aura de "idealismo" e "poesia". É o caso daqueles que não se preocupam com horários, orçamentos, custos, normas ge-

---

7. Posteriormente, *O Estado de S. Paulo*, *O Globo* e *Folha de S.Paulo* também organizaram suas agências de notícias.

rais de administração. Esses casos isolados aumentam as incompreensões entre o setor administrativo e comercial e o criativo na empresa de comunicação.

Um jornalista talentoso pode ser organizado, não há incompatibilidade. Um chefe imaginoso e dinâmico pode e deve – porque liderança é ordenação também – assumir suas responsabilidades organizacionais. A exacerbação do espírito *boêmio* induz as empresas jornalísticas – sejam elas dirigidas ou não por jornalistas – a enfiar nas redações essa anomalia que são os gerentes de redação. A organização da vida moderna obriga todos a administrar e buscar eficiência. Para o jornalista vivendo em movimento, isso é vital.

Cabe ao jornalista em funções de comando transpor as barreiras que demarcam as relações com a área comercial. Ao entrosar-se criativamente com o setor de publicidade, o jornalista não está apenas promovendo uma abertura para mais anúncios, como também criando condições para trazer novas informações e, portanto, novos leitores.

Jamais se deve misturar o jornalismo com o faturamento, o que resulta naquilo que, em gíria de jornal, convencionou-se chamar de "picaretagem". Mas, com a ajuda do discernimento e da imaginação do jornalista, pode o gerente comercial descobrir novas oportunidades de publicidade e o gerente de circulação, novos contingentes de leitores.[8]

No *Jornal do Brasil*, seguindo técnica adotada por Samuel Wainer no *Última Hora*, o gerente de circulação participava diariamente da reunião final, em que os editores visualizavam as principais ênfases da edição do dia seguinte. Assim, podia ele, em função dos temas, aumentar a tiragem, remanejar a distribuição para atender determinada zona etc.[9]

Também na área de publicidade conseguiu-se no *Jornal do Brasil* invejável entrosamento, que resultou na descoberta de excelentes veios de novos anún-

---

8. Nota à 4ª edição: Na TV brasileira adotou-se, nos últimos anos, a prática perniciosa do *merchandising*, inserção clandestina de mensagens publicitárias em telenovelas ou outros programas. O *merchandising*, tecnicamente, é outra coisa – significa a mercantilização ou o desdobramento de marca ou logotipo em outros produtos, como é o caso do nome de carros figurando em óculos ou relógios etc. O nome é mal empregado justamente para disfarçar um uso vicioso. Trata-se de propaganda clandestina, sem características de mensagem comercial: invasão, portanto, de um gênero de informação dentro de outro, sem aviso prévio, uma gritante violação da boa-fé do telespectador com o qual o comunicador estabeleceu um contrato comprometendo-se a não confundir os tipos de mensagem. A prática está tão generalizada na TV que algumas agências de propaganda e certos jornalistas sem escrúpulos admitem usá-la em reportagens, sobretudo em revistas.
9. Nota à 4ª edição: Em algumas de suas mais importantes revistas mensais, a Editora Abril instituiu o sistema de reuniões periódicas de planejamento, nas quais são examinadas as perspectivas combinadas das áreas editorial, publicitária e circulação. Não é uma "reunião de pauta", mas de coordenação estratégica.

cios e informações. Quando farejamos que o destino do Rio ligava-se ao desenvolvimento do seu porto, criamos a página "Portos e Navios", que, além de excelente fonte de renda para a empresa, passou a ser um serviço a mais para o leitor. O mesmo aconteceu com as páginas diárias de economia, as dominicais de "Som" e a tentativa, infelizmente malsucedida, de produzir um tipo de *consumer journalism* aos domingos, com noticiário sobre supermercados, magazines, novos produtos etc.

O jornalista é, sem dúvida, o elo fundamental do processo jornalístico. Mas não pode descurar-se das atividades complementares que compõem o outro lado da instituição – a empresa, com os setores de comercialização e apoio.[10]

Nunca, porém, será demais repetir: o perigo que ameaça a grande empresa jornalística moderna não é a ênfase no jornalismo, mas o oposto: a predominância da tecnocracia e da burocracia. Normalmente, seja em nações, seja em empresas, o tecnocrata é o fornecedor de dados ou o viabilizador de um processo, mas nunca aquele a quem se pode confiar a decisão política. No Brasil descobriu-se tardiamente o técnico, deslumbrando-se todos com a sua capacidade de organizar, planejar, executar ou controlar. Não se notou que as visões do técnico são setoriais. Numa empresa jornalística, complexo de atividades e fins, homens de enfoque parcial não podem comandar um processo integrado, global.

"A burocracia considera a criatividade um perigo", disse o secretário de Estado Henry Kissinger. Aqui reside um foco de permanentes atritos, já que o burocrata, assim como o tecnocrata, considera sua atividade na empresa jornalística um fim em si, e não um acessório ou meio. E, conforme eles disso se convencem, a empresa trabalha para organizar-se e não se organiza para trabalhar. Isso, sim, é a subversão.[11]

A rotatividade do quadro de pessoal e a velocidade com que se transforma o organograma de uma redação – tudo em função da volatilidade da atividade jornalística sincronizada com a velocidade das mutações sociais e humanas – são também fontes geradoras de incompreensões.

Também é antagônico ao espírito universal do jornal a intromissão de um exagerado "contabilismo". Não se podem compartimentar as páginas ou cadernos individualmente, aplicando-lhes, na sequência, o sistema de débito e crédito.

---

10. Nota à 4ª edição: O jornalista diplomado poderá fazer cursos de extensão ou pós-graduação em áreas afins, como o marketing, ou mais distantes, como administração. Seguindo o esquema interdisciplinar hoje adotado, poderá acumular visões múltiplas do processo editorial, que o "talentoso" ou o "prático" jamais conseguiriam juntar.

11. Nota à 4ª edição: O jornalismo é a atividade-fim da empresa jornalística. Administração e comercialização são atividades-meio com a função de assegurar-lhe todas as facilidades para um bom desempenho.

Há páginas, setores, suplementos, cadernos ou mesmo edições bem aquinhoados, de anúncios e de leitura – cabe, aliás, ao jornalista farejá-los e desvendá-los. Mas não se pode suprimir do corpo do jornal aquelas partes com pouca rentabilidade. É a sua presença, no conjunto, que possibilita o afluxo de publicidade para as outras.

A prevalecer esse raciocínio, deveriam ser suspensas as edições dos dias fracos, como as das segundas e sextas-feiras (no caso de matutinos), ou dispensada a circulação nos meses de verão, caso das revistas.

Um suplemento de livros ou literário pode apresentar baixo faturamento, mas sua existência valoriza o veículo e certamente atrairá anúncios para o resto do jornal, que é um conjunto harmônico e periódico de informações. Sua dissecação e seu desmembramento, ainda que por motivos contábeis, trazem o risco de arrastar consigo a mutilação orgânica do produto. Ao contrário da veiculação eletrônica, jornal não tem partes "nobres", tudo é digno, igualmente elevado. Uma página de poesia pode ser o complemento da posição editorial, clamando pela elevação do nível cultural do país. Um suplemento infantil é a conclusão lógica de um esforço em prol da educação e da criança. Não se pode medi-los pelos parâmetros de uma loja. Como não se pode contabilizar a primeira página ou a de editoriais. É o conjunto do jornal que fatura, que sofre a ação da demanda, e não cada uma de suas partes. É isso que cabe ao jornalista dizer.

A pendência empresa *versus* imprensa existe apenas para quem não sabe valorizar o jornalismo. A empresa deve servir de base à instituição pública que é a atuação jornalística. Quanto mais benfeita, mais independente e influente, melhor servirá à empresa. A organização dentro da empresa jornalística visa a sistematizar o talento e não a sufocá-lo. O jornalista é também o leitor dentro da redação.

II. Precisa-se: gente igual com disposição diferente

Existem profissões especiais? Até que ponto o jornalismo é diferente de outras atividades da sociedade moderna? O jornalismo é uma profissão ou um estado de espírito?

Mesmo em uma empresa de comunicação, os jornalistas são considerados privilegiados. Aqueles que procuram o poder os endeusam. Aqueles que chegaram ao poder os abominam. O público os vê mitologicamente.

Que é, pois, o jornalista? Já vimos, no capítulo introdutório, o desenvolvimento pelo qual passou a profissão e o seu estudo. Já vimos que o jornalista se relaciona com o leitor como um psicanalista com seu paciente, um marido com sua mulher, o pai com seu filho. São espelhos um do outro, reflexos, continuações, interações, partes, enfim, de um mesmo processo. Jornalista é o intermediário da sociedade, tem dito o sociólogo americano Paul Lazarsfeld.

Já anotamos que o jornalismo, por ser uma atividade essencialmente intelectual, pressupõe no seu exercício uma série de valores morais e éticos. Sabe-se que o processo de informar é um processo formador; portanto, o jornalista, em última análise, é um educador.[1,2]

---

1. Há uma grande afinidade entre o jornalista e o educador, e com o desenvolvimento dos estudos de comunicação as duas atividades se aproximam ainda mais. Nos Estados Unidos, os grandes diários dedicam esforços a atividades didáticas, procurando levar o jornal à sala de aula. O trabalho do

Essa lista de características é, no entanto, de caráter geral. Quais os componentes específicos da atitude jornalística? Uma exegese detalhada se faz necessária, a fim de evitar que o jornalista assuma aprioristicamente um "comportamento" sem o devido lastro psicológico e subjetivo.

Nesse sentido, vale mencionar experiências que fizemos com turmas da PUC e em seminários internos para a formação de estagiários do *Jornal do Brasil*. Acreditando que o treinamento profissional de um jornalista compreende também um cuidadoso preparo subjetivo e sensorial, assim como o arquiteto deve ser preparado para sentir volumes, espaços e formas, convocamos alguns especialistas para preparar o "lado de dentro" do futuro jornalista.[3] Em outras oportunidades, já pensando no jornalista profissionalizado e calejado, selecionamos um psicólogo para desenvolver – dentro da redação e em vários níveis – programas de desenvolvimento pessoal, os *sensitivity training*. Não se trata apenas de melhorar o nível das "relações humanas", mas de tocar em camadas mais profundas do comportamento profissional de cada um dos envolvidos no processo. Um ponto ferido na alma de um jornalista pode resultar em preconceito ou embotamento de uma das suas faculdades. A finalidade desses programas era justamente abrir as comportas da sensibilidade individual e, num jogo coletivo, retirar as possíveis nódoas que pudessem prejudicar o desempenho profissional.

Os componentes da atitude jornalística, para efeito de estudo, seriam subdivididos em três grandes grupos: a) os de natureza interna, isto é, psicológica; b) os de sentido operativo; c) os de caráter exterior ou formais.

Os componentes de natureza interna não correspondem àqueles estereótipos que o cinema consagrou. O jornalista não necessariamente deve compor o tipo expansivo, entusiasta, ágil, "durão", cuja imagem o público já mentalizou. Pode ser até calado e delicado. Porém, intimamente deve ser um espírito inconforma-

---

The New York Times é nesse aspecto também o mais expressivo. O *Jornal do Brasil* foi pioneiro no país na integração do jornal com a escola. Em 1965 criávamos um departamento educacional (sob a direção do professor Dymas Joseph), ligado à redação, que passou a editar um jornal-mural distribuído semanalmente às escolas. Mais tarde, surgia uma revista para professores, *A Escola da Notícia*, destinada a mostrar-lhes o partido que poderiam tirar do jornal como auxiliar do currículo.

2. Nota à 4ª edição: A Editora Abril foi mais adiante, criando uma série de publicações didáticas voltadas para a sala de aula, como fascículos, kits etc. A revista *Nova Escola*, editada pela Fundação Victor Civita e distribuída mensalmente a um enorme contingente de professores, é um elo amarrando jornalismo e educação. O jornalista consciente preocupa-se primeiramente com o problema educacional pela simples razão de que a cada passo para erradicar o analfabetismo amplia-se o mercado leitor.

3. Cecília Conde, musicóloga e educadora, e Paulo Afonso Grisolli, diretor de teatro e então editor do "Caderno B" do *Jornal do Brasil*, foram os responsáveis pela primeira experiência de esquentamento, aproximação e comunicação não verbal que realizei com alunos da PUC.

do e inquieto. O jornalista não pode contentar-se com a primeira informação, impressão ou inferência, nem acomodar-se ao primeiro obstáculo. Quantas vezes a não notícia é uma excelente notícia? Basta trabalhá-la.

Pejorativamente, diz-se que o jornalista é um cavador. Diríamos, melhorando o termo, que o jornalista é um permanente buscador. Jornalista conformado não é jornalista. O profissional de imprensa pessimista ou cínico prejulga, não acredita no que pode acontecer, pois já sabe o que vai acontecer. Quem não acredita na notícia não a persegue e não a encontra.

Há um componente otimista dentro da profissão que a torna vulnerável às tendências, aguça percepção, espicaça a criatividade. Essa inquietação gera ou é gerada por uma permanente sensibilização. Qualquer anormalidade deve ser percebida, seguida, desvendada. O jornalista é o profissional da indagação, do questionamento.

No nível operacional, o jornalista se caracteriza pela permanente tomada de decisões. Mesmo sem o treino do rápido *decision making*, está permanentemente tomando decisões em ritmo veloz. Se fotógrafo, é o ângulo da fotografia que importa, uma decisão, portanto. Se repórter, importam o enfoque da notícia, a pergunta ao entrevistado e a escolha do próprio entrevistado. Se chefe, tem de avaliar incessantemente a incrível massa de informações despejada sobre sua mesa, aferir sua veracidade, avaliar sua importância e definir seu destaque.

Ao escrever, cada palavra é uma decisão, cada informação, uma decisão, cada orientação, decisão. Durante todo o tempo em que desempenha sua atividade diária – e já vimos que esta não se limita ao horário de trabalho –, o jornalista seleciona e opta.

Nessa sucessão de alternativas que resulta na escolha de uma delas, inclui-se como consequência lógica o senso de responsabilidade. Aqui se insere um vasto debate sobre o exercício da profissão e os limites que a ela vêm sendo impostos. Toda vez que a imprensa incomoda, a primeira reação é calá-la. Cria-se, assim, uma gangorra de crime e castigo que desemboca nos regimes censórios, de consequências tão funestas.

Poucos se lembram, no entanto, de recorrer ao único meio capaz de colocar o espírito investigativo do jornalista no contexto do contrato social segundo o qual vivemos – a lei da responsabilidade. No fim do governo Castello Branco (1966), depois de um exemplar período de liberdade de expressão (considerando que o regime era excepcional), pretendeu-se aprovar uma Lei de Imprensa para enquadrar os crimes cometidos no exercício da profissão. Na ocasião, o *Jornal do Brasil* procurou convencer o governo a adotar uma legislação genérica de responsabilidade, incluindo médicos, industriais que menosprezam as especificações dos seus produtos, engenheiros cujas obras contêm falhas etc.

Uma legislação específica contra crimes de imprensa – atentados à responsabilidade como outros quaisquer – confere à atividade jornalística uma regalia jurídica injustificável. A pregação do *Jornal do Brasil* não vingou e a Lei de Imprensa foi aprovada.

O único elemento capaz de sanear a imprensa é um revigoramento geral do senso de responsabilidade. Primeiro, por parte do governo – criando o clima de liberdade com respeito. Depois, das fontes de notícias, que, percebendo a desatenção ou descuido do repórter, se aproveitam da situação para "plantar" informes perigosos. E, finalmente, da empresa jornalística, de onde deve partir uma atmosfera permanente de seriedade e dignidade. O repórter que percebe uma atitude solerte na nota redigida pela direção ou nos editoriais inconscientemente a absorverá, passando a adotar os mesmos padrões.

O jornalista entrosa-se com a responsabilidade muito mais facilmente do que com a punição e o arbítrio. Especialmente se essa responsabilidade for um padrão de toda a sociedade que ele representa. O jornalista sabe que, ao redigir uma nota de três linhas, pode estar destruindo uma reputação e uma vida. Trabalhando nos bastidores da informação, avalia a força que tem. Para ele, um limite, desde que não seja arbitrário, é mais confortável e protetor que a impunidade.

Uma forma de incentivar a responsabilidade e de obrigar o jornalista a conviver com ela é a criação de códigos de ética. Sindicatos e associações, veículos e agências de propaganda, universidades e centros acadêmicos deveriam esforçar-se para vivenciar o clima responsável por intermédio de códigos de ética e de organismos para julgar possíveis infrações. Esse clima daria aos governos indecisos a garantia de que podem afrouxar seus controles, porque os meios de comunicação, de moto próprio, saberão manter-se dentro dos limites do respeito humano.[4]

Comitês profissionais ou acadêmicos com a função de julgar os erros éticos proporcionariam também às classes envolvidas um salutar espírito disciplinar, um verdadeiro *esprit de corps*, antipaternalista e protetor.[5]

---

4. Nota à 4ª edição: Códigos, como leis, devem proceder de costumes. Um decálogo de ética não pode converter-se num documento emoldurado para enfeitar paredes do diretor do jornal ou da revista, mas deve resultar da prática cotidiana. Mais importante do que a enumeração dos "não faça" é a discussão sobre o papel, as expectativas e os limites dos jornalistas. De novo: também aqui a escola de jornalismo é fundamental, pois só na sala de aula, com professores experimentados e conscientes, podem-se estabelecer os padrões ideais com base nos quais se nortearão a atividade e a atitude de cada profissional.

5. Dale Minor, em *The information war* (Nova York: Hawthorne Books, 1970), é de opinião que a disciplina de jornalistas só pode ser operada pela própria corporação. Qualquer entidade com esse poder poderia representar uma erosão da liberdade de informar.

Dentro da enumeração dos componentes da atitude jornalística temos, finalmente, os de caráter externo ou formais. Referem-se à etapa final da atividade jornalística: a expressão do pensamento. O jornalista vive enunciando, parabolizando, cronicando, individualizando, generalizando, definindo, montando tendências, compondo perspectivas, rejuntando o passado. Ele senta à máquina e escreve "hoje" quando ainda é "ontem"; tem, portanto, a noção física do tempo. O jornalista é um ser em permanente estado de exposição.

E, como instrumento dessa percepção, utiliza-se da linguagem. Nesse sentido, é um cultor dedicado do mais importante tesouro cultural de um país: sua língua. Enquanto a linguagem coloquial explode naquela invenção que, paradoxalmente, a torna tão pobre (veja-se quantos significados tem a palavra "transa" e quantas palavras deixam de ser empregadas pelo seu abuso), e enquanto a linguagem literária enfurna-se *in vitro*, o jornalista trabalha e amplia o repertório vocabular com os aportes trazidos pelos profissionais de outras atividades que foram por ele entrevistados, pelas experiências singulares que lhe é dado viver, pelo convívio e contato com a comunidade que representa.

"Escrever bem é pensar bem", conceituou o jornalista e escritor Otto Lara Resende, diretor do *Jornal do Brasil* até dezembro de 1973. Há escritores imbatíveis na graça, leveza ou precisão de linguagem. Mas há um número imensamente maior de jornalistas cujo contato diário com pessoas, ideias, emoções ou fatos os torna lúcidos pensadores e exemplares expositores.

É por essa razão que saem das redações de jornais e revistas políticos, administradores, historiadores, críticos sociais, artistas e filósofos.

Os componentes antes mencionados, no entanto, são afluentes de uma característica mais ampla: a visão do conjunto. "O jornalista é um especialista em ideias gerais" – uma definição caricata cunhada pelos próprios jornalistas para explicar sua compulsória universalização. "Nada a que falte o todo tem qualquer valor [...]. Não se pode ser um bom economista sem ser também um bom psicólogo." A citação é de Aldous Huxley, em seu romance-utopia *A ilha*[6], em que o personagem-motor, e no qual se processa a revelação, é um jornalista veterano e sensível.

Nesta era multidisciplinar o jornalismo é, sem dúvida, um desses típicos complexos de conhecimentos.

A inclinação para o cósmico e a disponibilidade para a universalização, necessárias para que se construam uma boa matéria, um bom jornal ou uma moderna empresa jornalística, são frutos desse escancaramento.

---

6. Aldous Huxley, *A ilha*. 6. ed. Rio de Janeiro: Civilização Brasileira, 1971.

Weltanschauung (concepção de mundo) e *Weltschmerz* (dores do mundo) são duas expressões do jargão filosófico pouco usadas em uma redação de jornal. Mesmo o jornalista que as ignora as tem presentes no seu comportamento diário. O trágico incêndio de um prédio conduz o jornalista a indagações imediatas sobre segurança coletiva, responsabilidade, critérios de construção etc., em um encadeamento em que o seu senso trágico deve desembocar na acuidade e perspicácia.

A fome da África, os apátridas do Chile, a coragem dos dissidentes soviéticos, os heróis anônimos das obras monumentais são temas da atualidade, resultado dessa sensibilização generalizada para localizar o sofrimento do mundo, parte essencial de *ser jornalista*.

Serão todos os jornalistas os semideuses antes descritos? Certamente não. Nem essas "especificações" são aqui mencionadas como louvação. Há um ônus nisso tudo, há uma penalidade por essa fascinante bagagem de emoção. Cada componente positiva do comportamento jornalístico tem a sua contrafação negativa. O intransigente compromisso com a verdade torna o jornalista teimoso, inflexível. O comprometimento com a causa pública torna o jornalista incômodo e aparentemente antissocial. A detecção permanente e devidamente antecipada de gostos, tendências e motivações coletivas desgasta-o mais depressa em comparação ao cidadão que o segue. Os jornalistas não são semideuses, mas todos perseguem uma melhoria da sua pessoa, porque essa é uma das poucas atividades em que o aperfeiçoamento subjetivo é meta profissional. Sob a pressão diária dos acontecimentos, isto é, da vida, eles procuram objetivos que a um só tempo são formais e íntimos.

O jornalista, como já se disse, não é pior que o seu patrão, nem melhor que os seus governantes. Sabemos que, sociologicamente, não há segmentos diferentes em uma população. O aristocrata escorreito do país subdesenvolvido provém da mesma forma que gerou o vendedor de calçados.

Um corte transversal em uma corporação de militares, religiosos, jornalistas, engenheiros, economistas e governantes de um país revelará os mesmos traços, as mesmas marcas dominantes, as mesmas qualificações, os mesmos ingredientes.

O jornal é o fragmento da história e da memória de um país. Os jornalistas aos poucos começam a se dar conta dessa incumbência. Mas o outro polo da sociedade, os governos, não se aperceberam ainda disso. Nos países democráticos ou não, a mesma incompreensão domina as relações entre as duas extremidades do poder: governo e jornalistas.

Tal incompreensão, porventura vista como vigilância mútua, engrandece a sociedade. O caso Watergate deve estar irritando e martirizando seus personagens. Mas, com perspectiva histórica, um país tanto pode orgulhar-se de ter sido o primeiro a mandar um homem à Lua como de ter propiciado o clima de liberdade para que seu governo fosse vasculhado, como acontece naquele turbulento caso[7].

O que não pode haver em uma sociedade que busca seu aperfeiçoamento é o espírito de "dedo no gatilho" contra a imprensa. Se um jornal cutucou um fato inconfortável, isso não é motivo para que seja fechado ou silenciado. Mais lícito seria mandar investigar e punir os responsáveis pelo fato que gerou a denúncia. Se um jornalista foi insistente demais em denunciar algum escândalo, mesmo em uma empresa privada, isso não é motivo para que seja atacado pela censura. A explicação, o desmentido, a resposta à altura são mais dignos que o silêncio imposto pelos censores.

Quando governos e elites compreenderem isso, os jornalistas serão entendidos. E poderão ser melhores jornalistas.

---

7. Nota à 4ª edição: Àquela altura, em 1974, quando o texto foi originalmente escrito, o presidente Richard Nixon ainda não renunciara ao cargo, mas o clima que levou à abdicação já podia ser detectado.

12. A estrutura da colmeia

Os animais estão em moda. A etologia passou a ser a ciência do momento. O homem procura nos animais a explicação para o seu comportamento. Sendo assim, convém que se imite Maurice Maeterlinck e se estude a vida das abelhas para dela tirar algumas lições sociais.

Qualquer criança, mesmo as criadas em meio ao concreto das cidades, sabe que se irradia da colmeia um ruído permanente, o zum-zum. A colmeia ferve sonoramente. Experimente-se de alguma forma, suprimir esse zumbido, calando a rainha, os zangões, as escravas. A colmeia sem zum-zum se esfacela.

O ruído da colmeia é o seu eco vital, são os sinais que comandam sua estrutura associativa. Sem eles, não haveria o entendimento, a harmonia, o sincronismo e a identificação de propósitos entre as abelhas. O zum-zum é a comunicação das abelhas. E a sociedade humana, sem a ressonância equivalente, não acerta, desentrosa-se, estagna, soçobra culturalmente, estiola-se funcionalmente.

Não existem países ricos com culturas pobres. Foi Wilbur Schramm quem primeiro discerniu o papel da comunicação no desenvolvimento econômico[1]. Segundo ele, não são os índices econômicos que conferem importância às nações. Se assim fosse, os agora ricos produtores de petróleo seriam os mais pode-

---

1. Wilbur Schramm. *Comunicação de massa e desenvolvimento*. Prefácio de Alberto Dines. Rio de Janeiro: Bloch, 1969.

rosos e influentes. O que faz a verdadeira prosperidade é o nível de informação que circula num país, os padrões de comunicação que ali imperam.[2]

O Brasil, nos últimos anos, "descobriu" a comunicação e foi tomado por uma febre comunicativa (veja o Capítulo 8). Negativa, primeiro porque imposta, e segundo, porque empresas, instituições e órgãos do governo criaram mecanismos de comunicação, simplesmente para controlá-la. Houve méritos, alguns até pioneiros, notadamente no esforço motivador empreendido pela Assessoria Especial de Relações Públicas da Presidência da República, dirigida então por Octávio Costa, no início dos anos 1970. Aproveitando o tempo das emissoras de TV e rádio, foi mostrada em âmbito nacional uma série de temas visando estimular o espírito público e comunitário em campanhas sobre limpeza, segurança, cultura etc. Pela primeira vez, tentou-se insuflar no país os valores subjetivos do progresso.

Nesse sentido é que incidem as recomendações de Schramm. O bem-estar é tarefa coletiva, a empreitada da civilização deve absorver a todos, não pode ser imposta de cima para baixo. O desenvolvimento acontece em todos os níveis e direções, e não apenas nas salas dos economistas. Um cidadão, ao perceber que também está participando do desenvolvimento do país, está integrado no processo. Aquele que apenas usufrui, sem noção de sua contribuição e, por isso, sem a responsabilidade da participação, é um parasita do progresso, predador da evolução. A diferença entre um e outro é fornecida pela comunicação aberta e plena.

Não adianta focalizar apenas obras grandiosas, mas, sim, os problemas que as geraram. A propagação dos feitos monumentais tende a acomodar a comunidade, paternizá-la e impedir seu ímpeto criador. Uma corajosa menção aos problemas e às suas causas explicará os programas empreendidos para saná-los e levará a sociedade a uma parceria construtiva. Esse é um dos principais defeitos da hipercomunicação que atacou os administradores brasileiros: em uma típica situação de bumerangue, foram enganados pelos próprios efeitos dos feitos.

---

2. Nota à 4ª edição: O jornalista Otavio Frias Filho, da *Folha de S.Paulo*, em artigo defendendo a tristemente famosa pergunta formulada por seu colega Boris Casoy ao candidato Fernando Henrique Cardoso, durante debate na TV, sobre sua crença, ou não, em Deus, às vésperas do pleito municipal de 1985, a certa altura, como que cansado de tanto justificar, desabafou: "Num país subdesenvolvido, onde nem os ônibus funcionam convenientemente, como exigir da imprensa desempenho impecável?" (*FSP*, 21 nov. 1985). Não seria justamente o contrário? Num país sem tradição de qualidade deve-se esperar muito mais da imprensa que dos transportes públicos. O nível de exigência da veiculação será o instrumento que moldará a opinião pública para reclamar melhores padrões referentes aos serviços e homens públicos. O que vem antes: bons ônibus ou boa imprensa? Certamente a boa imprensa.

A Aliança para o Progresso do presidente John Kennedy[3] trouxe para a vida pública brasileira a obrigação de informar a conclusão de contratos de financiamento e o andamento das obras. Fazia parte de cada projeto, obrigatoriamente, um investimento correspondente em publicidade, um recurso válido e democrático para evitar que esse tipo de operação seja efetuado às escondidas.[4]

Mas no Brasil, onde já vicejava a praga da "matéria paga" (o fenômeno era muito comum em toda a América Latina, cujos governos subsidiavam veículos que lhes eram favoráveis), a ação da Aliança serviu para estimular um jornalismo aleijão e uma fonte de renda perniciosa.

A concessão de verbas para "comunicação" foi tão despropositada que, no início de 1974, o Instituto Nacional de Alimentação e Nutrição, do Ministério da Saúde, promoveu uma intensa campanha, com diversos anúncios e *outdoors* clamando por uma alimentação criteriosa. Ora, num país em que grande parte da população mal tem o que comer, quando as filas para compra de carne davam voltas pelos quarteirões, a campanha adquiriu tonalidades cínicas e perigosas. A comunicação não substitui a ação, nem a ação pode substituir a comunicação – esse é um axioma, com o respectivo corolário, que poucos administradores e estadistas brasileiros conseguiram entender e harmonizar.

O problema da autossuficiência do papel tornou-se sumamente grave. Os perigos não são apenas econômicos e sociais, mas políticos. Uma hipotética crise entre o Brasil e o Canadá pode deixar o Brasil sem jornais, assim como a produção nacional deficiente – sem os devidos estímulos governamentais – pode permitir que o papel disponível seja distribuído de acordo com critérios políticos, prejudicando os veículos cuja linha confronte a do órgão controlador, como acontecia no México[5].

Quando produzirmos papel para impressão em quantidade que nos permita ficar livres das pressões das autoridades ou de grupos internacionais, poder-se-á dizer que temos as condições materiais para a liberdade de imprensa.

---

3. A Aliança para o Progresso foi um programa criado pelos Estados Unidos com o objetivo de promover o desenvolvimento econômico mediante a colaboração financeira e técnica em toda a América Latina, a fim de não deixar aparecer outro país socialista com as características de Cuba. Realizado entre 1961 e 1970, o programa destinou cerca de US$ 20 bilhões aos países latino-americanos.
4. O jornalista Carlos Lacerda, quando governador da Guanabara, inovou, exigindo que, ao lado das obras públicas, fosse afixado um enorme cartaz informando seu valor, seu prazo e sua função. A própria obra se comunicava.
5. A Producción y Importación de Papel, S. A. (Pipsa) era nos anos 1970 o órgão paraestatal que, no México, cuidava da distribuição de matéria-prima para os veículos impressos, controlando indiretamente seu grau de oposição.

Outro problema enfocado por Schramm (no Brasil, dos mais graves) é o afunilamento da distribuição de produtos impressos. A produção brasileira de livros, revistas e jornais atingia em meados da década de 1970 pouco mais de 20 milhões de cidadãos. As grandes distribuidoras alcançavam no Brasil 1.500 municípios (destes, um terço em São Paulo). E os demais?

O Mobral conseguiu o milagre de alfabetizar seis milhões de brasileiros em seis anos. Mas esses neoalfabetizados ficaram mais ou menos marginalizados do processo cultural, no limbo da cidadania, porque não há veiculação apropriada que os conduza ao nível da tradicional. Não se conseguiu, apesar de intensa procura, encontrar uma forma de distribuir um jornal dedicado ao recém-alfabetizado, escrito e composto de forma acessível.[6]

Chega-se aqui ao problema da tiragem da nossa veiculação. Com dados de 1973, estimava o Mobral que, entre os 100 milhões de habitantes, teríamos apenas 22% de analfabetos. *Grosso modo*, isso significa que teríamos 78 milhões de leitores potenciais. Mas nos vinte anos anteriores nossa maior tiragem de publicação periódica era de 700 mil exemplares, no caso de *O Cruzeiro*. Quando este livro foi escrito, a revista de maior circulação no país era, pasmem, *Tio Patinhas*, da Editora Abril, com 600 mil exemplares! Graças a um imaginoso truque envolvendo a distribuição da revista *Lar* (pelo sistema de entrega de gás engarrafado), a Editora Abril alcançou o escasso recorde de 1 milhão de exemplares em 1973, mas a experiência foi descontinuada.

As tiragens combinadas das edições de domingo dos jornais diários brasileiros ultrapassavam a casa do milhão de leitores, mas não chegavam a dois. Num país em que o mercado para certo tipo de produto já alcança a respeitável cifra dos 50 milhões de consumidores (como é o caso de sabonetes e dentifrícios), contentamo-nos com audiências tão magras para os produtos impressos.

O problema parece ser, assim, menos do mercado em si, e mais dos condutos de distribuição para alcançá-lo. Os correios e o reembolso postal podem tornar-se eficientes auxiliares na disseminação de livros, jornais e periódicos. Mas para isso é necessário que a entrega postal alcance todos os municípios, conquiste a total confiança dos usuários e crie serviços e tarifas realmente compensadoras para a entrega de material impresso. Os serviços postais, se organizados, invioláveis e acessíveis, podem ser o instrumento essencialmente democrático

---

6. A ideia do Mobral foi inspirada no exemplo do jornal semanal israelense *Omer*, por meio do qual os novos imigrantes, acabados de sair dos seminários para o aprendizado da língua hebraica, têm à disposição um veículo com caracteres maiores, linguagem facilitada e compreensível – primeiro estágio para conduzi-los aos veículos regulares.

para a livre disseminação de produtos impressos e de ideias. Assim são encarados nos países ocidentais, notadamente nos Estados Unidos.

A criação de facilidades para a distribuição, bem como o estímulo à implantação de pequenos jornais regionais, permitiria que o consumo de jornais, revistas e livros no Brasil atingisse cifras compatíveis com a sua população alfabetizada. A imprensa regional, especialmente, pode vir a ser o maior incentivador do processo cultural brasileiro. Serviria igualmente como meio absorvedor da mão de obra especializada que sai das universidades e vai disputar nas metrópoles vagas no mercado de trabalho, em geral nos grandes veículos, aviltando assim – pelo excesso de oferta – o nível dos salários.

"São esses esplêndidos pequenos jornais provinciais que mantêm nossa sociedade aberta", disse o comentarista americano Hugh Sidey na *Time*.

Infelizmente, a postura e a estratégia adotadas até agora no Brasil pelos governos que se preocupam com o problema da comunicação consistem em impor uma atmosfera em lugar de procurar ampliar o mercado cultural, arejando-o. Para crescer, um país necessita que os vetores culturais o atravessem em todos os níveis, direções e extensões. A instalação de emissoras radiofônicas oficiais para cobrir a região amazônica, que estava à mercê da influência dos países vizinhos, é evidentemente sadia. A mesma atitude deveria ser adotada no tocante a estímulos e incentivos fiscais para a instalação de pequenos jornais e para o acesso por parte da veiculação a todo o país.

Paradoxalmente, é mais fácil controlar um grande caldeirão de comunicação se ele estiver com as válvulas abertas – e, portanto, em expansão – do que se tiver os escapes fechados, mantendo-se limitado. Um sistema aberto se autocontrola pela variedade de opções.

Se em lugar dos parcos leitores de jornais tivéssemos hoje três milhões de exemplares aos domingos, haveria mais debate, mais variedade, logo mais verdade, logo mais participação, logo melhores resultados.

A comunicação é um processo múltiplo, funcionando bilateral e simultaneamente entre emissor-receptor. Quando se pretende uma comunicação na direção única emissor-receptor, sem retorno (ou *feedback*), temos apenas a etapa primária da divulgação. E, mesmo quando ocorre um retorno, mas do qual não participa toda a audiência potencial, persiste a disfunção.

Um país só atinge a condição de nação quando, entre governantes e governados, se estabelecem os vínculos da comunicação plena. A Inglaterra, ao viver a crise econômica, social e política que varreu os últimos vestígios do grande Império com todas as suas válvulas de informação abertas, conseguiu manter-se muito mais expressiva que, por exemplo, o colosso soviético, poderoso e calado.

E quem conhece a situação interna da União Soviética ou de países um pouco menos totalitários percebe que há um vetor incoercível, contra o qual nenhum sistema de força pode atuar impunemente: a necessidade orgânica de uma comunidade associar-se por meio da comunicação, ato coletivo, imanente e instintivo. Um homem pode viver só, mas, ao aparecer um semelhante, cria-se a necessidade de convivência. Sem comunicação, como? A comunicação é uma faculdade humana. O ser humano acostumou-se a utilizar plenamente suas faculdades. A perda de uma delas torna-o aleijado e revoltado.

A cerca de arame farpado com que se fechou o povo russo não resistiu à vontade individual e coletiva de buscar a verdade e a informação. A literatura clandestina (*samizdat* ou *autopublicação*) fez circular, aos milhares, as obras proibidas. As emissões de rádio do exterior em língua russa eram acompanhadas atentamente. Era impossível impedir que a sociedade de massas na aldeia global mantivesse alguma fresta aberta.

Quando o presidente Costa e Silva sofreu um derrame, em agosto de 1969, numa sexta-feira, a notícia só foi liberada domingo à noite. Acontece que à tarde houve duas competições esportivas, o GP Brasil e um jogo preliminar da Copa do Mundo, entre as equipes de futebol do Brasil e do Paraguai. Na realidade, no Rio, reuniam-se quase duzentas mil pessoas, e a ausência presidencial nas tribunas de honra do hipódromo foi notada pelos locutores das rádios. Quando afinal, naquele domingo à noite, as emissoras de rádio e TV forneceram à opinião pública a nota oficial sobre o impedimento do presidente boa parte da cidade já sabia o que acontecera.

Para confirmar a tese de que o boato substituíra a notícia suprimida, o *Jornal do Brasil* encarregou então a Marplan[7] de produzir uma pesquisa de opinião pública para saber como o carioca se informara da doença do presidente, se pelo rumor ou pela informação oficial. Resultado: 13% dos ouvidos souberam antes do anúncio oficial, e, destes, 42% pertenciam à classe A. Isso também é zum-zum[8].

---

7. O *Jornal do Brasil* foi o primeiro jornal brasileiro a utilizar regularmente a pesquisa de opinião pública como informação jornalística. Em convênio com a Marplan, então dirigida pelo especialista Décio Martins, periodicamente (durante onze anos) auscultava-se a opinião dos cariocas (às vezes, em trabalhos de maior vulto, a pesquisa atingia outros estados) sobre temas ou pessoas do momento. O primeiro trabalho, em 1962, sondava a repercussão do primeiro pronunciamento de Jânio Quadros após sua renúncia. O último, em 1973, verificava o comportamento do carioca com respeito à sinalização do trânsito. Na mais ampla, realizada nas principais capitais do mundo, procurou-se saber a impressão do homem da rua sobre o Brasil. Ao todo foram publicados 203 trabalhos.
8. Nota à 4ª edição: O sistema de auscultação da opinião pública por um instituto especializado e desvinculado da mídia é o mais legítimo. Uma empresa que vive de pesquisas tem na sua confiabilidade o registro de excelência, por isso jamais permitirá que sejam manipulados os resultados

O boato e o rumor, como formas primárias de comunicação, preenchem os vazios deixados pela falta de informação. Para extirpá-los, basta fornecer a verdade. A intriga e a mentira campeiam no vácuo da informação. A suspeita substitui a evidência quando esta não pode circular.

Na verdade, os únicos que se enganam com o poder da censura são os próprios censores. Implantada formalmente no Brasil a partir do Ato Institucional número 5, em 13 de dezembro de 1968, ela não impediu, no entanto, que parte da opinião pública – a elite, justamente aquela parcela da qual se buscava suprimir a informação plena – soubesse dos acontecimentos, ou de parte deles. Não houve prisão de terroristas ou suspeitos, forma de interrogatório, documentos de bispos ou outra qualquer notícia proibida que não chegasse ao conhecimento do segmento influente. A justificativa, comumente utilizada na Alemanha do pós-guerra – de que não se sabia dos horrores praticados por Hitler – é um recurso pobre, pois é da natureza humana partilhar, repartir informações, especialmente quando elas contêm uma carga mais pesada de emoção.

A memorável decisão d'*O Estado de S. Paulo* de publicar poesias ou receitas culinárias no lugar das matérias proibidas pela censura é a melhor demonstração de como esta é intrinsecamente falha, superável e pouco inteligente. Se, ao público, fica vedado o conhecimento do teor da notícia, fica evidente que naquele espaço, agora ocupado por um inexplicável poema, seria publicado algo que não interessava à autoridade. O curioso é que o público fareja a censura instantaneamente, como que num sexto sentido, sem nenhuma explicação. (No ano de 1973, *O Estado de S. Paulo* e o *Jornal da Tarde* passaram a remeter às agências de propaganda e a leitores eminentes fotocópias das matérias proibidas.)

A 1ª edição que o *Jornal do Brasil* fez publicar dentro do regime do AI-5, já no dia seguinte à sua promulgação, entrou certamente para os anais da luta pela liberdade de imprensa. Toda ela, da previsão do tempo aos classificados[9],

---

das suas sondagens. Já um departamento de pesquisas ligado a um veículo jornalístico pode ser usado antes de eleições, por exemplo, para persuadir a opinião dessa ou daquela tendência.
9. "Nuvens negras ameaçam o país" foi o teor do quadro meteorológico da primeira página, hoje um clássico no gênero. A censura prévia manteve-se no jornal até princípios de janeiro de 1969, quando a direção do *Jornal do Brasil* acordou com a 1ª Região Militar que a autocensura seria feita. Nessa ocasião, retiraram-se os sete censores (majores da ativa, do Exército). Para evitar surpresas na 1ª edição sem censura prévia, o editor-chefe do jornal foi obrigado a pernoitar no Batalhão de Guardas, tendo sido disso cientificada previamente a direção do jornal. De forma geral não houve muitas outras violências físicas contra o jornal durante a vigência ativa do AI-5. Na noite de 14 de dezembro de 1968, o então diretor, embaixador Sette Camara, esteve preso por algumas horas e, em protesto, Nascimento Brito decidiu suspender a edição do dia seguinte. Na noite de 22 de dezembro de 1968, o editor-chefe foi preso pela primeira vez em consequência de um discurso contra

foi uma demonstração de como a censura é falha e ineficiente. A existência da censura é fato mais grave do que aquilo que ela proíbe divulgar. E a existência da censura é fatalmente desvendada no seu exercício.

Em 1970, a fim de organizar as proibições, àquela altura muito numerosas e agora provindas da Polícia Federal, decidimos no *Jornal do Brasil* criar um "Livro Negro".[10]

Ao folheá-lo, percebe-se a fragilidade do sistema censório. O erro partiu da avaliação de que comunicação é arma de guerra. Sendo assim, os problemas da imprensa passaram a ser estudados pelos setores militares encarregados de guerra psicológica. Essa distorção criou o desnível entre uma economia que progredia, justamente porque vivia em clima de paz, e os meios de comunicação, mantidos nervosamente em mordaças, numa atmosfera de guerra.

Aquilo que um governo decide manter em sigilo pode ser conservado em sigilo (havendo, porém, um limite de tempo para ocorrer uma reclassificação). Mas se um fato, situação ou tendência são flagrados por um jornalista, pertencem ao público.

A declaração do general Golbery do Couto e Silva, nos primeiros dias de 1974, quando assistia ao então presidente eleito Ernesto Geisel em meio a escolha da equipe ministerial, de que eram bem-vindas as especulações sobre nomes de candidatos, foi saudada pelos comentaristas políticos com entusiasmo. Isso permitiu que o público acompanhasse as marchas e contramarchas da escolha, aumentando enormemente a participação, sem prejudicar, em nenhum instante, a confidencialidade das negociações. Evidentemente, esse clima de liberdade não serve nem àqueles que usam a imprensa para seus balões de ensaio, nem àquela parte da imprensa, dita empresarial, que abomina a transparência.

O exame do "Livro Negro" instituído no *JB* (a ideia só nos ocorreu em 14 de setembro de 1972, quase quatro anos depois de instalada a censura e quando as ordens tornaram-se tão difíceis que ficou complicado memorizá-las; antes disso,

---

a censura que acabara de instalar-se, como paraninfo dos formandos de jornalismo na PUC. Em março de 1970, voltou a passar uma noite cativo, desta vez no Dops, por ter o jornal publicado uma notícia de atividades subversivas que não fora liberada. Como responsável pelo noticiário do jornal, fui intimado uma dúzia de vezes a comparecer à Polícia Federal para prestar longos depoimentos sobre a procedência de matérias que não eram de agrado das autoridades. O colunista Zózimo Barroso do Amaral foi preso, ficando incomunicável, na Semana Santa de 1969, por ter publicado a notícia de que o então ministro do Exército, General Lira Tavares, fora empurrado por agentes de segurança paraguaios. Outros jornalistas foram presos, alguns até na própria redação do jornal, mas por supostas atividades extrajornalísticas, isto é, políticas.

10. As "normas" da censura eram transmitidas por agentes da Polícia Federal por telefone, taquigrafadas e distribuídas às chefias.

o jornal, como todos, submetia-se à autocensura) demonstra que, das 133 proibições em 440 dias (os nossos registros foram interrompidos em 6 de dezembro de 1973), apenas vinte (menos de 20%) relacionavam-se com assuntos de terrorismo e subversão, razão de ser, segundo o AI-5, da censura. Mas um número quase igual delas, cerca de dezesseis, referia-se a pronunciamentos, atividades de figuras ou organismos da Igreja Católica, sendo dom Hélder Câmara o mais visado.

Há proibições relativas a crise da carne, aproximação com países árabes para a compra de petróleo, discursos da oposição na Câmara dos Deputados, manifestações contra o Brasil no exterior, sucessão presidencial, apreensão de jornais, livros e discos (o intelectual mais visado foi o compositor Chico Buarque de Hollanda). O ferimento a tiros de um menor, vítima de um militar exaltado, típico incidente de rua, também foi proibido.

Em 15 de setembro de 1972, a Polícia Federal distribuiu aos jornais cariocas um decálogo intitulado "Regras Gerais de Censura", relacionando os temas proibidos:

1) Inconformidade com a censura de livros, periódicos, jornais e diversões.
2) Campanhas visando à revogação dos Atos Institucionais, nomeadamente do Ato Institucional número 5.
3) Contestação ao regime vigente. Difere de oposição, que é legal.
4) Notícias sensacionalistas que prejudiquem a imagem do Brasil e tendentes a desnaturar as vitórias conquistadas pelo Brasil.
5) Campanha de descrédito à política habitacional, mercado de capitais e outros assuntos de vital importância para o governo.
6) Assaltos à mão armada a estabelecimentos de crédito e comerciais, acompanhados de abundante noticiário, instrutivo e exemplificativo, em sentido negativo.
7) Tensão entre a Igreja Católica e o Estado e agitação nos meios sindicais e estudantis.
8) Ampla publicidade sobre nações comunistas e pessoas do mundo comunista.
9) Críticas contundentes aos governadores estaduais, procurando demonstrar o desacerto da sua escolha pelo governo federal.
10) Exaltação da imoralidade e do erotismo, notícias sobre homossexualismo, prostituição e tóxicos.

A rigor, os jornais ficavam proibidos de noticiar qualquer coisa, a não ser inaugurações, notas oficiais, acidentes de rua. (Mesmo as tragédias humanas podiam gerar problemas para o jornal, como foi o caso de uma notícia oriunda da sucursal de Recife dando conta de um menino que fora comido por ratos. A diretoria do jornal, evidentemente passando adiante o pito que recebera, chamou nossa atenção, condenando a publicação desse tipo de noticiário "degradante para a imagem do Brasil". Além do mais, disseram-nos, rato não come, rói.) Como todo decálogo, emana deste uma sensação de desesperada onipotência, de querer configurar o mundo e as mentes de acordo com uma linha. Chega-se no documento citado a definir o que é oposição, o que é construtivo, o que é negativo.

As "Regras Gerais da Censura" obviamente não podiam ser obedecidas à risca, cabendo aos jornalistas e responsáveis pela redação a difícil tarefa de avaliar até que ponto a notícia era legítima ou ilegal. Tarefa difícil e, ela própria, ilegítima. Da censura às informações estratégicas chegou-se assim, rápida e insensivelmente, à imposição de uma visão de mundo. Esses deslizamentos são típicos das situações de força em que a justificativa para a primeira exceção parece razoável, mas, daí em diante, por força da lógica e do raciocínio, tudo passa a ser possível, inclusive, o mencionado decálogo.

Percebe-se que não apenas os órgãos de segurança utilizam-se da censura, como todo o sistema de poder dela se aproveita. Pelo conteúdo das proibições, fica evidente que vários órgãos e ministérios tiraram partido de sua existência.

A mais hilariante das proibições, promulgada em 19 de setembro de 1972, tinha este exato teor: "A Polícia Federal proíbe a divulgação do discurso do líder da maioria, senador Filinto Müller, negando a existência da censura no Brasil"!

Incrível, porém, foi uma determinação da censura, ocorrida em janeiro de 1974, dirigida contra o *Tribuna da Imprensa*, de propriedade do jornalista Hélio Fernandes, que vinha se ocupando fartamente das ocorrências no *Jornal do Brasil*, proibindo que continuasse a fazê-lo.

A Associação Brasileira de Imprensa foi então instada a apurar o que se escondia atrás daquela estranha proibição, impedindo um jornal de se ocupar dos acontecimentos de outro – fato corriqueiro em qualquer país civilizado, pois a imprensa é uma instituição pública –, e nomeou o conselheiro Elmano Cruz para ouvir as partes. Democraticamente, o coronel encarregado da censura na Guanabara recebeu-o, confessando textualmente: "Um seu colega, chefe da segurança do *Jornal do Brasil*, pedira sua atenção para os artigos que vinham sendo publicados na *Tribuna* contra o *JB*, imiscuindo-se na economia e administração internas do jornal, sem nenhum objetivo de crítica construtiva [...]" (relatório assinado pelo presidente do Conselho de Administração e arquivado na ABI, com cópias enviadas às partes, datado de 18 de fevereiro de 1974).

O futuro pesquisador político brasileiro terá ainda de apurar devidamente o que aconteceu em outubro de 1972, pouco antes da consolidação da candidatura de Ernesto Geisel à presidência, quando uma parcela da imprensa carioca publicou denúncias, não se sabe vindas de onde, sobre uma "conspiração" comunista internacional no Brasil. Baseadas numa confissão de um "arrependido" do PCB, Adauto Santos, pretendia-se criar um clima de intranquilidade, não se sabe com que propósitos, usando a imprensa como instrumento.[11]

A prestimosa ajuda de certa imprensa torna possível a sobrevivência da censura. Mas tem um preço, como aconteceu na França durante a Ocupação – a desmoralização dos colaboracionistas. Aceitar a supressão de certas notícias é uma contingência à qual, em certas situações, a imprensa não pode escapar. Mas aceitar a publicação de certas matérias é capitular.

A falência da censura é notória, sustenta-se mais no conformismo dos jornais do que na força da autoridade. Todo o aparato do Estado Novo ruiu fragorosamente com a publicação da famosa entrevista de Carlos Lacerda, com José Américo de Almeida, no *Correio da Manhã*, em fevereiro de 1945.

A comunicação pode unir um país dividido. A censura – porque não pode ser disfarçada – aumenta os rancores e cisões. O zum-zum certamente tem seus inconvenientes, mas sem ele é muito pior: o enxame se desorienta, perde seu sentido e rumo, desarticula-se sua estrutura. Sem a comunicação livre e espontânea, a colmeia será uma construção abandonada e oca.

O único compromisso de jornais e jornalistas é com a informação. Seu empenho nessa tarefa faz de um jornal qualquer um jornal livre, logo, um grande jornal. Uma nação de grandes jornais é uma grande nação. Sem esse valor intrínseco, sem esse quilate que advém de um entendimento superior das suas funções, um jornal, por mais bem organizado e construído que seja, será apenas um catálogo de notícias.

A tecnocracia e seu filho espúrio, o materialismo, estão perdendo a grande batalha para o homem e seus valores. O liberalismo político e o humanismo filosófico, que, na realidade, forneceram o cenário para o surgimento do jornalismo, prenunciam seu retorno. A humanidade, como um todo, descobre que a sua salvação está no valor das ideias e não na quantificação de seus feitos. Esse é o campo propício para o novo-velho jornal florescer.

O papel de jornal, agora um pouco mais escasso, não pode alterar o papel do jornal, agora muito mais importante.

---

11. Nota à 4ª edição: O relato das arbitrariedades do regime militar contra a imprensa exposto anteriormente foi o primeiro a ser publicado no Brasil, antes da posse de Geisel, portanto, antes do início da descompressão, quando a máquina repressora de Médici estava em pleno funcionamento.

Adendos

Temas para desenvolver

Os primeiros livros de jornalismo foram escritos nas próprias redações, como resultado das lições diárias que redatores, secretários ou chefes de redação acumulavam com o correr dos anos e das edições. Foram os famosos manuais de estilo, ou *style books*. No Brasil, alguns desses manuais ficaram famosos, como o de Pompeu de Souza (*Diário Carioca*) e o de Carlos Lacerda (*Tribuna da Imprensa*).

Uma revisão de memorandos, normas e bilhetes desses anos de experiência permitiu-nos colecionar uma "doutrinação" cotidiana. São conceitos isolados, sem um fio teórico a costurá-los num contexto maior, mas, como o jornalismo é extremamente casuístico, esse tipo de definição pode auxiliar o jornalista estreante ou o estudante de jornalismo. Não são aforismos, nem frases de efeito, porque resultaram de julgamentos e orientação de trabalho do dia a dia. É a filosofia destilada de uma profissão que vive aos arrancos e se interrompe a cada instante.

Instados pelo editor Álvaro Pacheco, incluímos os conselhos a seguir, alguns dos quais valem como peças de museu.

- Cada frase deve conter uma ideia. Se você tiver ideias definidas, as frases também o serão.

- Cada notícia, cada informação, cada matéria tem palavras-chave. No jornalismo policial, é morte. No esportivo, competição. Mas, em matérias menos definidas, cabe ao repórter encontrar o clima e as respectivas palavras-chave que ambientarão as informações nelas contidas.
- Quando alguém morre, o leitor quer saber a sua idade e sua doença.
- Jornalismo é circunstância. Uma entrevista coletiva pode individualizar-se caso o repórter consiga enxergar todas as circunstâncias que rodeiam a ocasião e as pessoas.
- O jornal não acaba, sempre há outro no dia seguinte. O êxito ou fracasso de uma edição terminam exatamente na edição posterior.
- Há situações verossímeis que não são verdadeiras. E vice-versa. A tarefa do jornalista é fazer coincidir ou dissociar os dois conceitos.
- Se você sente que seu repertório de palavras está se exaurindo e que as suas reportagens usam um número limitado de palavras, está na hora de verificar se as suas leituras estão em dia.
- Não queira resolver todos os problemas da humanidade numa matéria só. Escolha apenas um deles.
- Você tem experiência, já viu muita coisa. O leitor não. Procure comparar, dimensionar e confrontar os fatos. O leitor se situará com muito mais facilidade.
- Se você não pode dizer tudo, paciência, diga ao menos alguma coisa.
- Como acabou aquela história do outro dia? Esse é o melhor veio de assuntos.
- Repórter e fotógrafo trabalham juntos usando ferramentas diferentes. Significa que o material fotográfico e o texto devem adotar o mesmo foco e ângulo. Isso evitará que na notícia do desastre o fotógrafo focalize apenas o sobrevivente, e o repórter, o acidente.
- Se você sabe todos os nomes e qualificações dos personagens de uma história que acompanha há dias, isso não significa que o leitor também os saiba. Afinal, ele acompanha dezenas de histórias por dia. Por isso, trate cada informação como se fosse a primeira vez que ela aparece. Sempre há novos leitores chegando ao caso.
- Quem disse que isenção é frieza? O jornalista pode impregnar-se de emoção e, ao mesmo tempo, oferecer um balanço equidistante de um acontecimento.
- Se todos estão olhando para o céu, dê uma olhadinha para o chão. Certamente, você encontrará assuntos que os competidores estão descurando.

- Não se agarre a posições hierárquicas. O jornalismo é uma das poucas atividades em que a criatividade e a inquietação só fazem bem, sobretudo aos chefes.
- Se você, meu caro, se acha o melhor jornalista do país, então está na hora de prová-lo.
- Participe, mas alheie-se. Só assim você terá dimensão e isenção.
- O jornalista nunca é pior que um dono de jornal. Um chefe faz uma equipe no seu nível e à sua imagem. Cuidado, pois, quando reclamar de seus comandados.
- A grande regalia do jornalista é poder dispensar as regalias.
- Use roupas que o deixem à vontade. Mas não tanto que incomodem o entrevistado.
- Se você gosta de aparecer, deve tornar-se notícia. O bom jornalista trabalha nos bastidores, a função do repórter é buscar fatos. A do chefe, apresentar os fatos. A do diretor, desengajar-se dos fatos.
- Verifique se a opinião da sua mulher não se inseriu na sua matéria ou na atitude do seu jornal. O leitor-padrão imaginário não dá opinião, ele é apenas um alvo para o qual se destina o processo.
- Parta para uma missão jornalística certo de que sua matéria vai para a primeira página. Se, ao contrário, você tem certeza de que o secretário não vai publicá-la, ela se encaminhará sozinha para a cesta de papéis.
- Para fazer um bom jornal é preciso material para três. Jornalismo é depuração, síntese.
- Se você quer salvar um jornal, não mexa nele, melhore-o. Não dê sustos no leitor.
- Quem não lê jornal não é jornalista.
- Procure fazer o melhor jornal que puder. Se você acha que já fez, está na hora de mudar. Aliás, alguém já está pensando nisso.
- Quando o jornalista procura a fonte de notícias é legítimo. Quando esta procura o jornalista, desconfie.
- Quem faz uma cruzada ou uma campanha jornalística é o leitor. Você só a notará quando estiver no auge dela.
- Há um quociente de humildade necessário à profissão. A busca de poder, opulência e importância é antagônica ao espírito jornalístico.

- Não tenha vergonha de pedir que soletrem um nome. Pior é publicar um nome de forma errada.
- Jornalismo equivale a uma atitude otimista, aberta. Aquele que prejulga ou que se ressente previamente com a informação nunca vai encontrar boa informação. Não se briga com a notícia.
- Ainda que o horário de trabalho do jornalista seja de cinco ou oito horas, ele mantém-se em atividade mesmo quando está a caminho da redação ou voltando para casa, quando vai ao cinema, ao assistir a um espetáculo, ou quando faz uma viagem.
- A melhor forma de compor um bom título é inventá-lo em voz alta. Melhor ainda é fazê-lo em conjunto com outros jornalistas.
- É certo que você se considere insubstituível. Mas os outros também o são.
- Jornalismo é empenho.
- Se um jornalista a seu lado começar a falar mal dos intelectuais, desconfie dele.
- Os leigos em geral adorariam ser jornalistas, desde que não se precisasse ir à rua catar uma informação, escrevê-la rapidamente, trabalhar à noite, aos sábados, domingos e feriados.
- Se em um grupo de pessoas aparecer um leitor, um assinante, um anunciante e um jornalista criticando seu jornal, é provável que haja mesmo algo de errado com ele.
- O jornal é um veículo urbano, e o jornalista, um estudioso dos problemas da cidade. Estes são a fonte primária de notícias. As transformações da vida urbana afetam diretamente a vida de um jornal. Das várias disciplinas que compõem a "urbanologia", a comunicação é uma das mais importantes.
- Uma foto publicada é um investimento em espaço e, portanto, em dinheiro. Foto que nada transmite ao leitor é um prejuízo.
- Tudo que é difícil de ser composto é difícil de ser lido. Se um elemento gráfico não é funcional, ele é antifuncional. Não há meio-termo.
- Não tem importância o fato de que apenas 20% dos leitores de um jornal leem os editoriais. Esse pequeno contingente é o grupo que multiplicará a opinião para o resto da comunidade.
- Se você quiser verificar se o seu jornal é realmente eclético e amplo, faça um gráfico das tendências dos seus colaboradores e articulistas regulares. Divida-os em três grupos (liberais, moderados e conservadores) e, depois, faça as contas.

- Todos os jornais e todos os jornalistas têm acesso às mesmas fontes e aos mesmos fatos. A única coisa que distingue um jornal do outro é a criatividade.

- Promoções e campanhas de publicidade só vingam em veículos sólidos. O melhor anúncio sobre um bom jornal ou revista será a qualidade do exemplar que chegar ao leitor.

- A proporcionalidade entre a quantidade de informações e a de anúncios pouco importa. Um jornal pode ter 60% ou, até, 70% de publicidade. O que vale é o conteúdo da informação e a aura de independência que o veículo carrega. O público compreende e apoia um jornal com mais anúncios do que texto quando percebe que essa é a forma de salvaguardá-lo das pressões.

- Se você quer uma boa referência para a edição de amanhã, veja com atenção a que você publicou hoje. Do desenho e escolha dos assuntos da primeira página ao conteúdo e angulação das notícias das páginas internas, tudo tem de ser feito em função do que foi publicado hoje nas bancas.

- Se o organograma de uma redação começar a apresentar uma divisão muito nítida entre jornalistas executivos (que comandam) e jornalistas propriamente ditos (que escrevem ou editam), com certeza essa redação está se burocratizando. Por mais importante que seja a função ocupada pelo jornalista dentro da redação, ele não pode deixar de escrever, editar, titular, trabalhar textos, periodicamente ao menos. O convívio com o ato de escrever faz do jornalista um jornalista.

- Comunicação é criatividade. Alguém diz alguma coisa quando tem algo novo para dizer.

- Mais vale ser um repórter feliz o resto da vida do que um executivo bem pago e infeliz. O grande jornal é aquele que consegue pagar a um grande repórter o mesmo que paga àquele que ocupa cargo de chefia.

- Gerir é orientar. No verbo gerir há uma noção de movimento. O gerente deve ordenar sem interromper. Numa empresa de comunicação, isso significa que o administrador deve gerir sem afetar o ritmo do trabalho. Se num campo de batalha os setores de apoio interrompessem o conflito para organizar as linhas de abastecimento, a própria guerra não teria sentido.

- A palavra que não evocar uma impressão, uma imagem, uma situação, um ruído, uma cor ou mesmo um cheiro é vazia. Portanto, não terá serventia no texto.

- Nenhum jornal bem escrito é decadente.

- Use palavras semanticamente definidas. Uma palavra de significado impreciso cria situações imprecisas.
- Palavras não se acham facilmente, muito menos as situações ou os pensamentos que elas carregam. Por isso, não se envergonhe por tentar duas, três ou quatro vezes a redação de um período.
- O número de palavras numa frase é de capital importância para a sua clareza e para manter o interesse do leitor.
- Leitores cultivados aceitam frases de até trinta palavras. Leitores menos cultos se adaptam melhor a frases de dez. Nos dois casos, porém, o ritmo deve ser regular, a fim de evitar a monotonia.
- Se você acha que um período está longo demais, leia-o em voz alta. Se perceber que está perdendo o fôlego é porque, por ali, está faltando um ponto. Aliás, ler em voz alta um texto sobre o qual se trabalha é útil: percebe-se mais facilmente a repetição de palavras, a clareza etc. Só há o inconveniente de o vizinho achá-lo maluco ou chato.
- Além da gramática existe a semântica e, agora, a *readability*, que corresponde ao estudo da funcionalidade da frase. Tudo isso é muito bom, desde que o jornalista tenha carinho pelas palavras.
- O amor ao pitoresco pode encobrir o desamor à verdade. Muitos jornais e jornalistas já se desmoralizaram porque faziam do engraçado o móvel das suas matérias.
- Jornalismo sério não precisa ser jornalismo monográfico.
- Senhor diretor: se você mandou valorizar exageradamente uma notícia, não tem importância, no máximo você está mal informado. Isso se corrige. Mas quando você diz que determinado acontecimento (ou pessoa) não merece entrar no noticiário do seu jornal ou revista, torna-se necessário verificar o que se passa em sua atormentada alma.
- E, agora, atenção: se você começou a explicar, na matéria, as dificuldades que teve para apurá-la, é certo que incomodará o leitor. Você é pago para contar os fatos, a despeito de todas as dificuldades, e não para narrar os seus desconfortos. Cada profissão tem os seus mistérios. Revelá-los a estranhos é tirar parte da mágica de cada *métier*.

O jornalismo na Era do Cruzado e a cruzada contra o diploma de jornalista

(APÊNDICE À 5ª EDIÇÃO)

Com o advento da Nova República, assumida pelo regime e pelas instituições a condição transitiva, e enquanto não chegamos à democracia plena e constituída, resta perguntar: acabaram-se os constrangimentos impostos à imprensa, acabaram as censuras?

Entendida como controle regular e ostensivo sobre o fluxo e o teor das informações, a censura aparentemente está extinta. Ou desativada. A constatação não colide com o fato de continuarem sendo exercidas – sobretudo, mas não exclusivamente, em cidades menores ou mais afastadas – coações econômicas, políticas e, às vezes, policiais sobre veículos.

Persiste, contudo (porque, nesse caso, é instituição legalizada), a censura aos espetáculos, notadamente os de massa, como é o caso da televisão. Os episódios mais famosos foram a proibição à exibição do filme *Je vous salue, Marie* [*Eu vos saúdo, Maria*], de Jean-Luc Godard, por pressão clandestina da Igreja Católica (ou simplesmente para agradar-lhe, o que vem a dar no mesmo), e a proibição da música *Merda*, de Caetano Veloso, para atender aos pruridos puritanos e farisaicos da classe média, nos quais não está ausente o preconceito religioso. Uma rápida remissão histórica tornará evidente que essa censura clerical não é inédita ou extemporânea: a primeira censura a vigorar no território brasileiro foi a episcopal, estabelecida em Portugal em 1517. Depois, em 23 de maio de 1536, portanto, há 450 anos, começou a funcionar o famigerado Santo Ofício. A censura governamental veio um ano depois (22 de fevereiro de 1537), quando foram regulamentados a impressão e o controle dos originais. Esta última pouco se envolvia na atividade repressiva, ficando por conta do implacável furor religioso o controle das informações e da produção intelectual[1].

O fato de inexistir, hoje, um mecanismo formal de repressão e inibição não significa que tenhamos um sistema fluente para a circulação de informações ou opiniões. A censura é apenas uma das manifestações – a clássica – do constrangimento. E, por ser mais característica e mais visível, controladores mais hábeis procuram utilizar meios mais sutis. Importante verificar também que o poder censório não é, obrigatoriamente, exógeno: pode ser endógeno. Em outras palavras: a censura não precisa ser exercida contra a imprensa visando à sociedade, mas pode emanar dela mesma, em seu benefício, como corporação. Nesse caso, trata-se da autocensura, que pode assumir características veladas e caprichosas. Exemplo: manipulação e omissão de informações, adulteração e invenção de fatos. Formas ainda mais sutis são as listas negras, a *recriação* da história, recente ou remota. Ou cruzadas compartilhadas por vários órgãos em defesa de causas aparentemente justas, mas, na realidade, visando à manutenção de seus privilégios. Mesmo nos períodos tidos como democráticos de nossa história, verifica-se que a imprensa, ela própria, encarregou-se de manter rígidos controles. Instrumento de algum núcleo de interesses – políticos, econômicos ou pessoais –, a imprensa brasileira jamais prestou contas à sociedade que lhe outorgou condições para exercer seu poder. Também não aceitou nenhuma tentativa crítica com o objetivo de reconduzi-la às suas verdadeiras funções. Caso clássico foi o do falecido *Correio da Manhã*, que durante quase meio século manteve o nome do jornalista e romancista Lima Barreto na sua lista negra simplesmente porque, em um de seus romances, *Recordações do escrivão Isaías Caminha*, criticou maliciosamente o ambiente de uma redação de jornal, que todos reconheceram como sendo o do onipotente jornalão.

O que está acontecendo na Nova República, depois da catarse emocional provocada pela doença e morte do presidente Tancredo Neves, é justamente uma recaída à velha e notória enfermidade. Desta vez, porém, o vicioso comportamento adota técnicas mais sofisticadas, inclusive tentando coberturas éticas, o

---

1. A Real Mesa Censória foi estabelecida no curto porém fanático reinado de d. Sebastião em 4 de dezembro de 1576. Para uma avaliação mais completa do processo de cerceamento no Brasil, veja: Antonio Costella, *O controle da informação no Brasil*. Petrópolis: Vozes, 1970; Carlos Rizzini, *O livro, o jornal e a tipografia no Brasil*. Rio de Janeiro: Kosmos, 1945.

que sempre é possível – já que os jornais não se fiscalizam mutuamente e, assim, a impunidade gera padrões e parâmetros que acabam tornando-se inquestionáveis. O longo período de censura e emasculação do regime militar, lamentavelmente, não produziu uma renovação. Justamente porque foi longo, houve o sacrifício de toda uma geração de jornalistas forjados antes de 1964, sendo substituídos por uma leva que, não tendo purgado os anos de vexame e sufoco, repete, ingênua, a pusilanimidade vigente antes da instalação do regime militar. Não se está aqui querendo incentivar o conflito entre gerações (mesmo porque a juventude é passageira), mas está acontecendo uma inegável e perigosa descontinuidade que põe em risco a transferência de experiências e cria uma situação de tábula rasa, vazio total. Esses cortes drásticos tornam o processo político e cultural brasileiro em uma coleção de lapsos, sem transferências.

Antes, porém, de examinar com detalhes alguns casos de manipulação praticada pela própria imprensa, convém apurar a razão desse relaxamento tão escancarado nos seus compromissos. Simplesmente porque a imprensa brasileira, tal e qual aconteceu com a americana, em 1974, depois da renúncia do presidente Nixon, surgiu extremamente forte depois da queda do regime militar.

Vocalizadora da resistência das elites ao autoritarismo, ela foi a mediadora e a motivadora do processo popular de pressão que o encurralou e inviabilizou sua continuidade. Cumpriu sua obrigação, segundo o contrato tácito que mantém com a sociedade. Mas, ao contrário dos confrades americanos – que depois de Watergate iniciaram um processo de autovigilância e autocrítica de modo a impedir o encastelamento e a onipotência –, os donos do poder nas nossas redações ou seus mandantes imaginaram-se donos da verdade e assim começaram a agir.

Examine-se o comportamento dos dois jornalões paulistas durante a campanha eleitoral de 1985 e se terá a reconstituição dos tempos da Velhíssima República, quando a veiculação, sobretudo a diária, desmandava-se impunemente em favor de seus candidatos e/ou interesses. E da imprensa carioca, que, diante da distensão preconizada pelo presidente Geisel em 1974-75, entrou num processo de franca decadência; a partir do momento em que a paulista voltou a praticar o provincialismo durante a campanha eleitoral, recuperou-se francamente, a ponto de os leitores mais exigentes serem obrigados a comprar os jornais de outro estado, no caso o Rio, para avaliar o que se passava no seu. Cada um no seu estilo, a *Folha* e o *Estado* tinham um objetivo político não jornalístico comum: destroçar o PMDB, partido de massas, de centro-esquerda, que chegara ao poder para ficar e proceder às reformas necessárias. Ressuscitar um tiranete decrépito como Jânio Quadros ou reforçar a posição de um partido vanguardista de esquerda como o PT não era o que de fato importava para eles. O objetivo central era fulminar um projeto político com um razoável embasamento ideológico, capaz de viabilizar um modelo progressista e democrático. E o fizeram com terrível e assustadora eficiência.

A atuação desses jornais e de algumas rádios (como a popularíssima Jovem Pan) na campanha eleitoral paulista de 1985 é um caso de estudo a enriquecer tristemente nossa patologia jornalística. Talvez só na Velhíssima República, ou antes mesmo, no Segundo Império, se possa encontrar similar em matéria de falta de compostura e escrúpulos. Felizmente, o saldo foi positivo, ao menos em termos de reflexão, pois aquela despudorada performance gerou uma série de brilhantes artigos assinados pelo filósofo José Arthur Gianotti em meio ao debate que travou com um diretor da *Folha de S.Paulo*, logo em seguida.

O exemplo mais gritante e aberrante de manipulação e cruzada falaciosa com intuito de criar bodes expiatórios foi a campanha para extinguir a obrigatoriedade do diploma para o exercício do jornalismo, capitaneada pela *Folha* mas apoiada silenciosamente pela grande maioria dos nossos veículos, numa repetição dramática do que foi a campanha do *Tribuna da Imprensa* contra o *Última Hora* (1952-1960), acompanhada entusiasticamente por toda a grande imprensa. Se, antes, a vítima foi Samuel Wainer e seu projeto de renovação jornalística, agora o alvo do furor elitista são os alunos das escolas de jornalismo, que muitas vezes chegam às redações despreparados tecnicamente, mas, em compensação, trazem consigo a chama sagrada do ideal e da consciência profissional.

Nos dois episódios, mecanismo e intenções são os mesmos: elitizar, não permitir o acesso aos intrusos, fazer do jornalismo um *country club* exclusivista. Agora querem barrar do mercado aquelas centenas de diplomados que saem a cada ano das escolas imbuídos das melhores intenções e, em seu lugar, colocar os privilegiados amiguinhos das tradicionais famílias jornalísticas que não fazem caso de salários e de compromissos sociais.

Tudo começou quando a douta Comissão Provisória de Estudos Constitucionais, presidida pelo eminente Afonso Arinos de Mello Franco, por intermédio de seu secretário executivo, o competente Mauro Santayana, fez saber à *Folha* que entre suas propostas para a futura Carta Magna constava a extinção da obrigatoriedade do diploma de jornalista. Aparentemente, tratava-se de um golpe de relações públicas, pois a Comissão, desde os seus primórdios, fora alvo de azedas críticas do próprio jornal, tendo sua legitimidade sempre questionada.

De repente, a Comissão e o próprio secretário executivo (que também não estivera nas boas graças do jornal em virtude do seu apoio à candidatura de Tancredo Neves, sendo por isso afastado) passaram a merecer do jornal o maior respeito e estímulo. Foi o gatilho que a *Folha* há tempos aguardava para acionar suas juvenis e fogosas baterias contra o diploma, já que o alto comando do jornal, na sua maioria, está em situação irregular do ponto de vista trabalhista – caso evidente de conflito de interesses que o estudante de jornalismo aprende a evitar.

Errou também a Comissão – ou quem falou em seu nome –, já que o problema da regulamentação da profissão de jornalista é questão menor, casuística, não devendo constar de uma Constituição moderna, necessariamente sintética e essencial. Por um triz a própria Comissão não provocou um movimento de protesto contra o diploma de bacharel pelo clamoroso erro jurídico cometido pelos luminares – *data venia* – ao propor a inclusão de uma questão secundária no corpo de um instrumento legal, obrigatoriamente abrangente e universal, voltado para o estabelecimento de princípios fundamentais.

Interessante observar que a campanha vocalizada pela *Folha* em nome do patronato dos grandes jornais[2] foi deslanchada no exato instante em que arrefecia a cobertura fiscalizadora da grande imprensa contra as infrações do comércio e da indústria no programa de congelamento de preços do Plano Cruzado. A imprensa, grande beneficiária da estabilização monetária (as tiragens dos grandes jornais nacionais e regionais subiram em março cerca de 30%, deixando um resíduo de, em média, 20% nos meses de abril e maio)[3], abandonava a sociedade justamente quando sua vigilância era mais necessária, entregando-se à defesa de privilégios e interesses paternalísticos. Graças ao programa do governo tornara-se confiável, mas usou essa credibilidade para fins escusos.

Felizmente, ilustres jornalistas como Barbosa Lima Sobrinho e Mario Martins, também integrantes da Comissão, perceberam que seu trabalho estava sendo desvirtuado, servindo para ferir as mais legítimas aspirações de classe dos jornalistas, manipuladas por interesses poucos límpidos – em boa hora fizeram saber que a Comissão não trataria da questão do diploma. A *Folha* nada publicou sobre essa reviravolta, provando mais uma vez que sua cruzada em prol dos "gênios" e do "talento" nada tem que ver com a ética. O *Estado* de 15 de maio registrou a mudança de posição do egrégio Colégio de Sábios com a necessária discrição para não desmoralizar a cruzada do patronato, mas suficiente para desacreditar seu concorrente.

---

2. A aspiração de extinguir o diploma data do fim dos anos 1970 e faz parte da plataforma da Sociedad Interamericana de Prensa (SIP), com sede em Miami, tornando-se uma das prioridades na constituição da ANJ logo depois da greve dos jornalistas de São Paulo, em 1979. O primeiro jornalista a defender publicamente o fim do diploma foi o então diretor da *Folha*, Boris Casoy, em artigo para a *Veja* publicado em 11 de novembro de 1981, anos antes de o jornal iniciar sua campanha contra a obrigatoriedade do diploma.

3. Cálculos feitos com base na vendagem dos principais jornais brasileiros, conferida pelo Instituto Verificador de Circulação (IVC).

A regulamentação da profissão de jornalista é antiga reivindicação da categoria, defendida em inúmeros congressos e por suas instituições representativas. O fato de ter sido promulgada por uma Junta Militar não lhe tira a legitimidade. Não se deve esquecer que a Lei do Divórcio foi a primeira deliberação do Congresso logo depois da promulgação do famoso Pacote de Abril (1977), visando eternizar a Arena no poder. A reserva de mercado para a fabricação de microcomputadores também foi obra de um governo autoritário; a própria proclamação da República não passou de um golpe militar. O fato de regimes autoritários, oportunisticamente, atenderem a legítimas aspirações não as torna espúrias.

É preciso aprender a separar o joio do trigo, estabelecer diferenças, distinguir. Exatamente isso espera a sociedade da imprensa pluralista e independente, voltada para a investigação desprendida e imparcial de circunstâncias. Esquecer essa função em proveito próprio é, no mínimo, indecoroso.

Também não se pode atribuir à *Folha* o papel de vilão único. Por suas páginas de opinião e informação, passaram representantes altamente situados de praticamente todo o *establishment* jornalístico nacional – alguns falando em seu nome e com boa-fé, outros evidentemente a serviço de um patronato paradoxalmente voltado contra os interesses permanentes das respectivas empresas.

Ainda que tenha publicado, na íntegra, na página de opinião (cujo índice de leitura é ínfimo), poucos mas veementes textos em favor do diploma, como o do mestre José Marques de Melo e do brilhante repórter Carlos Nascimento, nas páginas de informação o trabalho de edição foi parcial e comprometido, dando destaque às posições coincidentes com as do jornal, sufocando-se as contrárias. Não foram raros os títulos inventados com caráter generalizador, como "sociedade repudia o diploma"[4].

Deixando de lado essas lamentáveis versões censórias modernas, convém tratar o problema em si, o motivo desse neoautoritarismo, a verdadeira histeria contra a exigência do diploma. Antes, breve reflexão sobre a qualidade do ensino de jornalismo, o único item com alguma consistência na campanha contra a regulamentação. Imperioso registrar que existem inúmeras arapucas acadêmicas, algumas dúzias de professores de jornalismo absolutamente incapazes de aquilatar a natureza, a filosofia, os compromissos e as realidades do mercado jornalístico. Cabe registrar, igualmente, que alguns cursos converteram-se em

---

4. Na edição de 20 de maio de 1986, ao cobrir a abertura da 13ª Semana de Estudos de Jornalismo da Escola de Comunicações e Artes da Universidade de São Paulo (ECA-USP), cuja sessão inaugural fora dedicada à defesa do diploma, a *Folha* deu destaque à opinião de um jornalista, e agora publicitário – portanto, aliado aos interesses dos jornais –, contra o diploma, colocando no fim da matéria o registro daquilo que lhe era inconfortável.

verdadeiras armadilhas ideológicas, altamente lucrativas, voltadas à exploração do idealismo da juventude, graças ao pertinaz e perverso trabalho de mestres teorizantes e marginais, profissionalmente incompetentes, que confundem senso crítico com negação, conceituação com contestação.

Esses são, porém, casos da alçada do Conselho Federal de Educação ou da própria Federação de Jornalistas. Na realidade, melhor seria deixar essas excrescências à própria sorte, de modo tal que a imagem da escola afastasse os jovens dispostos a fazer carreira no jornalismo. As leis de mercado também aqui fariam o trabalho corretivo – os núcleos teorizantes, antiprofissionais e radicais acabariam por constituir-se em item negativo no *curriculum vitae* de seus diplomados. Hoje, em redações modernas e preocupadas com a qualidade, não é o diploma que importa, mas o renome da instituição que o emitiu.

De qualquer forma, é imprescindível fugir da generalização e simplificação – se alguns cursos e mestres não se comportam à altura, não se deve descer ao seu nível, desperdiçando um avanço definitivo para os padrões profissionais brasileiros. Não se pode condenar o ensino da medicina pelos erros cometidos pelos médicos. Na verdade, se juntarmos os cinquenta mais notórios erros e grosserias jornalísticas dos últimos tempos – inclusive os acontecidos na campanha eleitoral de 1985, antes referida –, verificaremos que foram cometidos por profissionais que não passaram pelas escolas.

Antes de descarregar as baterias contra o ensino do jornalismo, convém verificar o que as empresas fizeram pelo desenvolvimento das escolas. Se o exercício do jornalismo pressupõe a existência de instituições prósperas e lucrativas, é evidente que a melhoria do ensino de jornalismo transita obrigatoriamente pela conexão entre as duas pontas do processo, escola e empresa. Veja-se que as escolas são mais fracas onde as empresas jornalísticas são menos aperfeiçoadas e mais tacanhas. Onde o jornalismo é praticado com um mínimo de sofisticação, a escola também se destaca pela qualidade e pelo nível de exigência. A universidade é fruto do ambiente, e quem estabelece seus parâmetros são os meios de comunicação.

A Editora Abril começou, em 1984, um programa de treinamento de recém-formados em convênio com as escolas de comunicação da Grande São Paulo, com a supervisão (legal) do sindicato e obtendo brilhantes resultados. Tanto assim que a *Folha* imitou a experiência imediatamente. Por que se queixa, então, do nível de ensino? Já passaram pelos três cursos da Abril 180 recém-formados; foram contratados mais de quarenta. No expediente da *Veja*, a mais importante revista informativa da América Latina, estão neste exato momento oito nomes de diplomados em jornalismo (10% do seu quadro) que passaram pelos cursos de extensão e aperfeiçoamento. Se esses jovens com o canudo debaixo do braço atenderam aos rigorosos padrões de exigência da *Veja* depois de devidamente treinados – como aconteceria com engenheiros eletrônicos, administradores e economistas recém-diplomados –, por que outras empresas não fazem programas semelhantes?

Simplesmente porque, para nossos jornais e jornalistas, é mais fácil inventar judas para serem malhados do que sentar para resolver problemas com competência e humildade. Quando não se quer investigar em profundidade ou quando se deseja fugir às responsabilidades de buscar as verdadeiras causas de um problema, é muito fácil apontar bodes expiatórios. Decididamente, não são os jovens recém-formados os culpados pelas carências dos meios de comunicação.

O falecido comunicador e empresário Mauricio Sirotsky Sobrinho, enquanto exercia o mandato de presidente da Associação Nacional de Jornais (ANJ), foi convidado a assistir à inauguração solene do Primeiro Curso de Aperfeiçoamento para Professores de Jornalismo, iniciativa conjunta da Editora Abril, da *Gazeta Mercantil*, da USP e do Ministério da Educação (dezembro de 1984). Encantou-se tanto com a experiência que resolveu patrocinar, por intermédio de seu *Zero Hora*, um curso regional com os mesmos moldes, o que foi feito, mas sem a sua presença: Sirotsky faleceu antes da concretização do seu projeto. Curiosamente na sua ausência iniciou-se a cruzada patronal contra o ensino de jornalismo, despontando a mesma ANJ como sua notória inspiradora.

Para sistematizar a argumentação:

1) *O licenciamento de jornalistas não é obstáculo à liberdade de informação.* Ao contrário, favorece a renovação porque coloca na profissão, a cada ano, nova leva de habilitados, impedindo que a reserva de mercado, estabelecida em favor dos amiguinhos dos "iluminados", venha a comandar a opinião pública. O sistema de concessão de rádios e TVs, esse, sim, é um atentado à liberdade. Também a distribuição dos privilégios para explorar a venda de jornais e revistas é uma visível interferência controladora do poder público na circulação das informações. O desempenho paternalista e, às vezes, até mafioso de certos grupos de jornaleiros-empresários, como vimos em capítulos precedentes, é um insofismável atentado à livre circulação de informações. A propaganda oficial de governos, estados, municípios, bem como de empresas e bancos oficiais é forma de pressão sobre os meios de comunicação. Nesse caso, como no dos jornaleiros, nenhum jornal ousa levantar a voz em defesa da liberdade.

A resistência ao licenciamento para impressão de livros e periódicos teve em John Milton (1608-1674) seu grande campeão. Esse pregador, poeta, político, regicida, puritano e libertário escreveu (em 1644) o famoso libelo contra a censura, *Pela liberdade da impressão não licenciada* (*Aeropagítica*). O licenciamento de impressores e obras era forma velada de censura, daí porque nos séculos XVII e XVIII contra ele voltou-se o fogo dos pensadores e panfletários ingleses e franceses. A Constituição dos Estados Unidos, em especial sua Primeira Emenda (que proíbe, liminarmente, emendas restritivas à liberdade de informar-se e de crença), é herdeira desses ideais. A estrutura jurídica brasileira é baseada organicamente no licenciamento: nossas empresas jornalísticas são licenciadas, o processo de importação de papel e equipamento passa por controles fiscais (inclusive para isentá-los), há o registro de marcas e patentes e, sobretudo, funciona um rígido controle (portanto, licenciamento) para evitar que estrangeiros sejam proprietários de veículos de comunicação. Este último item – que tem sua lógica e validade para evitar a desnacionalização na era dos grandes cartéis transnacionais de informação – é um flagrante atentado à fluência sonhada pelos libertários de antanho. O registro de jornalistas visando à elevação do nível profissional, portanto, não atenta contra o corpo legal brasileiro, muito menos confronta filosoficamente aspirações humanísticas e liberais tão caras. O diploma dá mais acesso às redações do que o paternalístico crivo empresarial.

2) *Talento sem compromisso gera aberrações*. A fusão da ética com a técnica, indispensável ao exercício do jornalismo, só pode ser apreendida, assimilada e introjetada para converter-se em instinto num ambiente devotado à procura do melhor e do ideal. A busca da isenção e da qualidade não é uma atitude olímpica, mas um exercício cotidiano e sensorial embasado e aperfeiçoado por meio de reflexões com orientação apropriada. Há um componente "missionário" que os "práticos" do jornalismo, mesmo quando geniais e bem-dotados, jamais conseguiriam absorver devidamente no corre-corre dos fechamentos e diante das contingências do dia a dia. Na sala de aula, com o auxílio de docentes responsáveis, experimentados e ligados ao *métier*, podem ser criados os estímulos para que o ideal seja perseguido com naturalidade, as devoções praticadas sem mesquinhez.

3) *O jornalismo não é ciência, mas uma técnica de comunicação combinada com uma filosofia e um comportamento social*: na redação, no máximo, aprende-se a prática, empiricamente, sem o necessário substrato conceitual que lhe dá consistência, conteúdo e validade.

4) *O jornalista diplomado luta pela profissão; o não diplomado, pelo emprego*. Isso significa que o não diplomado pode fazer qualquer asneira, pois sempre poderá voltar à profissão original. O diplomado, fatalmente, será mais idealista, mais consciencioso, mais abnegado e mais produtivo, já que não lhe resta outra opção profissional.

5) *A atividade jornalística é necessariamente multidisciplinar.* Assim como formamos repórteres, redatores e editores, também precisamos de artistas-jornalistas, gráficos-jornalistas, diretores de arte-jornalistas, fotógrafos-jornalistas, homens de marketing-jornalistas, administradores-jornalistas, sociólogos- -jornalistas. Como combinar conhecimentos se não em uma universidade? Custa crer que as empresas jornalísticas – as maiores beneficiadas pela especialização multidisciplinar – estejam contra a escola que a possibilita.

6) *O não diplomado aceitará qualquer salário e qualquer contrato de trabalho.* Já o diplomado tem compromissos com a categoria. Paradoxalmente, o corpo dirigente da *Folha* alinha-se com o Partido dos Trabalhadores, e o próprio Sindicato de Jornalistas de São Paulo, marcantemente petista, omitiu-se inicialmente quanto a questão.

7) *O diploma não é corporativo.* Corporativismo seria deixar o exercício profissional aberto apenas aos amigos dos donos e dos "iluminados" que os encantam. A escola abre o mercado e o oxigena continuamente. Sem diploma, o acesso se dará por nepotismo. Enganam-se redondamente os eminentes e ilustríssimos professores de ciência política e filosofia Francisco Weffort e Marilena Chaui, que, na *Folha*, aparentemente sem muito pensar, denunciaram o diploma de jornalista como acionador do corporativismo.

8) *A escola de jornalismo é lamentável onde a imprensa é lamentável.* Onde a imprensa tem nível e qualificação, estabelece-se uma inter-relação com a universidade, benéfica para ambas. A questão, portanto, não reside em acabar com as escolas, mas em melhorar o nível de nossos veículos e dos quadros que os dirigem.

9) *A exigência do diploma não impede nem limita a contratação de não jornalistas.* Em colunas ou comentários assinados (eventuais ou regulares, mas sempre remunerados de acordo com padrões gerais), profissionais de qualquer ramo, inclusive leitores devidamente identificados, podem emitir pareceres técnicos ou opiniões. Dessa forma, jogadores ou técnicos de futebol, economistas, estilistas, ginastas, cientistas, músicos, atores ou atrizes, professores, médicos, advogados, administradores, empresários, militares ou *gourmets* podem habilitar-se a expor pontos de vista, saber, competência ou experiência. Mas, na apuração ou redação de notícias, na produção ou acabamento de informações, bem como em postos de comando em que é indispensável o conhecimento e o compromisso com técnicas e postulados específicos, a capacitação é imperiosa.

10) *Assim como é ingênuo pretender reinventar o jornalismo a cada geração, também é um despropósito reinventar o liberalismo do século XVIII às vésperas do século*

XXI. Seria inadmissível no mundo globalizado e interdependente de hoje a adoção dos princípios fisiocráticos e individualistas da Era das Luzes – o caos seria total. Os acordos e sistemas internacionais, os mecanismos fiscalizadores em todos os níveis de administração são a melhor prova de que o Estado moderno é necessariamente regulador. Mas não obrigatoriamente centralizador. Isso significa que, da habilitação do motorista à capacitação para o exercício do jornalismo, o licenciamento é inevitável. A sociedade de massas não pode ser regida pelo *laissez-faire, laissez-passer*. Mas esse lema pode inspirá-la: tanto assim que, na Constituição de 1946, apontada unanimemente como a mais liberal que já tivemos, está dirimida profeticamente a questão do diploma, de forma sucinta e definitiva. Em seu Capítulo II, "Dos Direitos e Das Garantias Individuais", parágrafo 14, está dito: "É livre o exercício de qualquer profissão, observadas as condições de capacidade que a lei estabelecer". Em duas linhas combinou-se a doutrina democrática com o princípio da finalidade social das ações humanas.

O que pode ser feito para enriquecer e melhorar as escolas de jornalismo é o estabelecimento de cursos de pós-graduação profissionalizantes (e não teorizantes), em que em dois ou três semestres os diplomados em ciências sociais e humanas poderiam habilitar-se para o exercício do jornalismo. Na prática isso já existe, mas poderia ser formalizado em cursos especiais de alto nível, assistidos pelas empresas jornalísticas. Com isso, obrigar-se-ia as escolas a melhorar equipamento e quadro docente, ao mesmo tempo oferecendo ao mercado um espectro de profissionais com formação diferenciada e abrangente.

Falta ainda dizer que não são as escolas de jornalismo as fomentadoras das teorias conspiratórias que jogam sobre a imprensa tantas suspeitas. O desencanto com os meios de comunicação – que, aliás, não podem ser vistos genericamente, já que seus níveis de excelência e compostura variam enormemente – é percebido por qualquer leigo. Basta acompanhar as queixas dos leitores que frequentam as colunas de cartas às redações para ter uma ideia da ideia que os destinatários têm dos emissores.

Será que o jornalista *prático* sabe o que vem a ser isso?

Alberto Dines
São Paulo, 27 de maio de 1986

Sobre a profissão de jornalista

Os textos a seguir foram originalmente publicados pelo autor no site *Observatório da Imprensa* e estão em ordem cronológica. O primeiro entrou na rede mundial de computadores em 18 de junho de 2009, um dia após a decisão do Supremo Tribunal Federal de acabar com a obrigatoriedade do diploma de jornalismo para o exercício da profissão. Todos os artigos tratam da especificidade da profissão de jornalista, e em alguns há também reflexões sobre outra decisão do STF, tomada cerca de um mês antes, em 30 de abril, quando a Corte Suprema brasileira revogou a Lei de Imprensa. São textos publicados no calor da hora, quando os fatos aconteceram, todos eles intensamente comentados por internautas no site do *Observatório*. Lidos em sequência, os artigos ajudam a compreender a essência do que esteve por trás de uma decisão que, se juridicamente definitiva, não encerrou a discussão. Ao contrário, talvez tenha apenas precipitado um debate indispensável.

UMA DECISÃO DANOSA
(18/6/2009)

Difícil avaliar o que é mais danoso: a crítica do presidente Lula à imprensa por conta das revelações sobre o comportamento do senador José Sarney

(PMDB-AP) ou a decisão do Supremo Tribunal Federal de eliminar a obrigatoriedade do diploma para o exercício do jornalismo. São casos diferentes, porém igualmente prejudiciais à fluência do processo informativo. E exibem a mesma tendência para o sofisma, a ilusão da lógica.

Fiquemos com a decisão do STF. Embora irreversível, não é necessariamente a mais correta, nem a mais eficaz. A maioria do plenário seguiu o voto do presidente da Corte, Gilmar Mendes, relator do processo, que se aferrou à velha alegação de que a obrigatoriedade do diploma de jornalista fere a isonomia e a liberdade de expressão garantida pela Constituição.

Para derrubar essa argumentação basta um pequeno exercício estatístico: na quarta-feira em que a decisão foi tomada, nas edições dos três jornalões, dos 29 artigos regulares e assinados, apenas 18 eram de autoria de jornalistas profissionais; os 11 restantes eram de autoria de não jornalistas. Essa proporção 60% a 40% é bastante razoável e revela que o sistema vigente de obrigatoriedade do diploma de jornalismo não discrimina colaboradores oriundos de outras profissões.

No seu relatório, o ministro Gilmar Mendes também tenta contestar a afirmação de que profissionais formados em jornalismo comportam-se de forma mais responsável e menos abusiva. Data vênia, o ministro-presidente da Suprema Corte está redondamente enganado: nas escolas de jornalismo os futuros profissionais são treinados por professores de ética e legislação e sabem perfeitamente até onde podem ir.

É por isso que na Europa e nos Estados Unidos, onde não existe a obrigatoriedade do diploma de jornalismo, são as empresas jornalísticas que preferem os profissionais formados em jornalismo, justamente para não correrem o risco de ser processadas e punidas com pesadas indenizações em ações por danos morais.

O STF errou tanto no caso da derrubada total da Lei de Imprensa como no caso do diploma. E foi induzido pela mesma miopia.

Quem tem legitimidade para defender a liberdade de imprensa?
(23/6/2009)

Antes de discutir a questão do diploma é imperioso debater a legitimidade dos autores da Ação Civil Pública acolhida pelo Supremo Tribunal Federal que resultou na extinção da sua obrigatoriedade para o exercício do jornalismo.

No recurso interposto pelo Ministério Público Federal, o Sindicato das Empresas de Rádio e Televisão do Estado de São Paulo (Sertesp) aparece como *assistente simples*. A participação do MPF nesta questão é inédita e altamente controversa, tanto assim que o ministro Gilmar Mendes abandonou, numa parte substanciosa do seu relatório, o mérito da questão para justificar a inopinada aparição do órgão público numa questão difusa e doutrinal, suscitada aleatoriamente, sem nenhum fato novo ou materialização de ameaça.

Imaginemos que os juristas e o próprio MPF acabem por convencer a sociedade brasileira da legitimidade de sua intervenção. Pergunta-se então: tem o Sertesp credibilidade para defender uma cláusula pétrea da Carta Magna que sequer estava ameaçada? Quem conferiu a esse sindicato de empresários o diploma de defensor do interesse público? Quem ele representa institucionalmente – a cidadania ou as empresas comerciais, concessionárias de radiodifusão, sediadas em São Paulo?

Na condição de concessionárias, as afiliadas da Sertesp são dignas de fé, têm desempenho ilibado? Nunca infringiram os regulamentos do poder concedente (o Estado brasileiro) a que se comprometeram a obedecer estritamente? Respeitam a classificação da programação por faixa etária? As redes de rádio e TV com sede no estado de São Paulo porventura se opõem à ou fazem parte da despudorada e inconstitucional folia de concessões a parlamentares?

Se esse sindicato regional de empresas claudica em matéria cívica e não tem condições de apresentar uma folha corrida capaz de qualificá-lo como defensor da liberdade de expressão, por que não foram convocadas as entidades nacionais? Onde está a Associação Brasileira de Rádio e Televisão (Abert) e a sua dissidência, a Associação Brasileira de Radiodifusores (Abra)? Brigaram?

E por que razão a Associação Nacional de Jornais (ANJ) de repente começou a aparecer como copatrocinadora do recurso contra o diploma *depois* da vitória na votação? A carona tardia teria algo que ver com as notórias rivalidades dentro do *bunker* patronal? Essas rivalidades empresariais não colocam sob suspeita o mandato de guardião da liberdade que o Sertesp avocou para si?

De qualquer forma, evidenciou-se que numa sociedade democrática, diversificada e pluralista a defesa da Constituição não pode ser transferida para um grupo minoritário (o Sertesp) dentro de um segmento (o dos empresários de comunicação) dilacerado por interesses conflitantes e nem sempre os mais idealistas.

O Ministério Público Federal, como órgão do Estado brasileiro, para levar a bom termo a Ação Civil Pública, deveria ter organizado audiências públicas para ouvir as demais partes. Contentou-se em acionar a ré (a União) e suas assistentes simples (a Federação Nacional dos Jornalistas, Fenaj, e o Sindicato de Jornalistas Profissionais do Estado de São Paulo, ambas com atuações abaixo do sofrível). Contentou-se com os interesses das corporações e deixou de lado a oportunidade de renovar e aprimorar o ensino do jornalismo.

Não se sabe o que efetivamente pensam os leitores, ouvintes e telespectadores sobre a questão do diploma e, principalmente, sobre as excentricidades do julgamento. Os jornais têm registrado algumas cartas simbólicas sobre o diploma em si para fingir neutralidade e passam ao largo dos demais aspectos.

O que chama a atenção é que, nos cinco dias seguintes à decisão da Suprema Corte (edições de quinta-feira, 18/6, até segunda-feira, 22/6), considerando-se os 28 espaços diários reservados a articulistas regulares e colaboradores eventuais nos três principais jornalões, apenas um jornalista manifestou-se de forma inequívoca a favor da manutenção do *status quo*. Dos 140 consagrados *nomões* que se revezaram todos os dias ao longo de quase uma semana, só Janio de Freitas (*Folha de S.Paulo*, domingo, 21/6) reagiu aos triunfantes editoriais da grande imprensa comemorando a morte do dragão da maldade, a obrigatoriedade do diploma.

Miriam Leitão, Gilberto Dimenstein e João Ubaldo Ribeiro discordaram da cortina de silêncio imposta pela ANJ, por meio dos comandos das redações, e não permitiram que o assunto fosse engavetado. Parabéns. Mas não se manifestaram a respeito da obrigatoriedade. Não quiseram ou não puderam.

A festa libertária acabou convertida numa festa liberticida. O cidadão recebeu um razoável volume de material noticioso e reflexivo, porém linear, esvaziado de qualquer elemento crítico ou, pelo menos, questionador.

Nesse grande festival de hipocrisias, a imprensa aposenta o bastão de Quarto Poder e assume-se abertamente como *lobby* empresarial. Já o STF, obcecado pela ideia de tornar-se um *petit comité* legislativo, no lugar de converter-se em coveiro do autoritarismo, é apenas o parteiro de um novo mandonismo cartorial.

· · · · · · · · · ·

Nessas notas preliminares, ainda antes de entrar no mérito da questão do diploma, é preciso embrenhar-se na remissão histórica. Parte delas está mencionada neste livro, no apêndice "O jornalismo na Era do Cruzado e a cruzada contra o diploma de jornalista", onde estão registrados os primeiros lances da história cujo desenlace ocorreu agora, mais de duas décadas depois.

A extinção da obrigatoriedade do diploma foi concebida nos primórdios da ANJ (1980), depois da malograda greve de 1979, quando os acionistas das empresas de jornalismo finalmente sentaram-se à mesa para traçar um projeto de longo prazo para o setor.

Sob o pretexto de renovar as redações e prepará-las para o fim do regime militar, a *Folha de S.Paulo* capitaneou um movimento para acabar *de facto* com a regulamentação da profissão. A primeira manifestação pública dessa cruzada foi protagonizada por Boris Casoy, então colunista da *Folha*, na última página da *Veja*.

Em 1985, quando a Comissão Provisória de Estudos Constitucionais (planejada por Tancredo Neves e implementada por José Sarney) começou a preparar uma espécie de rascunho para a nova Carta Magna, o jornalista Mauro Santayana, na qualidade de secretário executivo, vazou para a *Folha* a informação de que nele constava um item que acabaria com a obrigatoriedade do diploma para o exercício do jornalismo. A intenção de Santayana era conseguir as boas graças da *Folha*, sempre arredia à Comissão de Sábios.

A *Folha* abriu as suas baterias e, assim, a questão do diploma ganhou uma notoriedade injustificada. Não era matéria constitucional, mas desde então se tornou aspiração máxima da corporação empresarial da comunicação.

Não a preocupam os demais controles, licenciamentos e limites impostos pelo Estado. O *lobby* da comunicação sabe entender-se com o ente governamental. José Sarney é a prova viva dessa convivência-dependência. O que parece insuportável é o espírito crítico instalado nas redações. Ou perto delas. A exigência do diploma nunca constituiu uma ameaça concreta. Mas convinha prevenir-se.

· · · · · · · · · ·

QUEM CONTRATARIA GILMAR MENDES PARA DIRIGIR UM JORNAL? (30/6/2009)

Mesmo os inimigos do ministro-presidente do STF, Gilmar Mendes, são obrigados a reconhecer o seu vasto saber jurídico, sua cultura, sua capacidade de expressar-se com tanta clareza e elegância, seu conhecimento do idioma alemão.

Diante de sua obsessão em demonstrar que o jornalismo não é uma profissão e, portanto, não precisa ser regulamentado, este Observador sente a necessidade de repetir, ampliar e reformular a pergunta dirigida ao professor e ex-ombudsman da *Folha* e do iG, Mario Vitor Santos, na edição de 23/6 do programa *Observatório da Imprensa na TV*:

– Você contrataria o presidente do STF para dirigir o seu jornal?

Sua Excelência certamente perdoará a provocação, cuja única finalidade é oxigenar e animar um debate que ao longo dos últimos 24 anos serviu para vocalizar apenas um lado da questão – o dos empresários.

A querela a respeito do diploma, ou melhor, do fim da obrigatoriedade do diploma para o exercício do jornalismo, é secundária. Outra deve antecedê-la: jornalismo é profissão, ocupação, ofício, ferramenta de trabalho? Ou, além disso, também é missão, tal como a de um magistrado, treinado para destrinchar a dialética dos códigos, administrar a justiça e ser justo?

Este Observador jamais contrataria o ministro Gilmar Mendes para dirigir qualquer veículo jornalístico, apesar do seu imbatível currículo jurídico. Mas entregaria o seu hipotético jornal a um profissional diplomado em jornalismo, de preferência com uma pós-graduação profissionalizante, pelo menos 25 anos de experiência em redações e, principalmente, capacitado para assumir o papel de mediador, questionador e agente de transformações.

No seu arrazoado contra o diploma e contra a especificidade da profissão de jornalista, o ministro Gilmar Mendes esquece o seu notório domínio do idioma alemão. Não lembrou que *Zeitung*, jornal, deriva da raiz *Zeit*, tempo. Jornalismo em português ou *journalisme* em francês (de *jour*, dia, jornada) são atividades cruciais numa sociedade porque lidam com a passagem do tempo. Uma sociedade desatenta às inevitáveis mudanças está perdida, torna-se apática ou desarvorada.

Jornalistas marcam o tempo, verdadeiros ritmistas, mas ao contrário dos relojoeiros lidam com um tempo que não jorra contínuo. O tempo jornalístico é periódico, marcado pelas sucessivas edições, condicionado à complexa tarefa de sintetizar o acontecido no período (daí *periodismo*, em espanhol).

Passar ao leitor a sensação de que é testemunha e participante de um amplo processo exige conhecimentos teóricos, técnicos e também uma disposição instintiva para pressentir o que é novo e o que importa. Escritores raramente retomam seus textos depois de impressos. O ponto final é ponto final mesmo.

Os jornalistas são treinados para a infindável tarefa de reescrever-se continuamente. Esse treinamento começa nos bancos das escolas de jornalismo. Nas redações não há tempo para filosofar. Nem há tempo para olhar-se no espelho e reclamar. O mundo para os jornalistas é verdadeiramente redondo, rotativo, rotativa.

É a tal *unendliche Aufgabe* (tarefa infindável), ministro Gilmar Mendes, citada por Kant. Essa tarefa não é para qualquer um. Não é fruto de um estalo, golpe de sorte – precisa ser ensinada e aprendida. A perseguição contínua de uma tarefa é, em si, uma atitude claramente profissional.

O relatório do ministro Gilmar Mendes estende-se por 91 páginas sobre a profissão de jornalista e, mesmo sintetizado, jamais seria entendido pelos leitores de jornal, mesmo de um *quality paper*. Há nele uma ironia que roça à presunção. É um antijornalismo em estado primitivo. Ao comparar jornalistas aos chefes de cozinha, o ministro Mendes tenta fazer blague. Nós jornalistas não gozamos as togas usadas nos tribunais, nem mesmo as ridículas perucas dos magistrados britânicos. Respeitamos as tradições, somos os primeiros a perceber quando se tornam obsoletas.

O ministro, porém, ignora que sem jornalismo e sem jornalistas os historiadores teriam de inventar fatos. Ou contentar-se com documentos áridos, insossos, muitas vezes truncados e também manipulados para parecer verdadeiros. A história moderna, a crônica dos últimos quatrocentos anos, deve muito aos profissionais do jornalismo.

Uma hemeroteca, Excelência, é o panteão da humanidade. Obra construída majoritariamente por jornalistas. Este Observador não contrataria um advogado ou mesmo um jurista renomado para montar uma coleção de jornais. Muito menos para editá-los.

. . . .

Os equívocos do debate
(7/7/2009)

A questão do diploma está colocada de forma equivocada. Os adversários do canudo talvez até o aceitassem se, porventura, pudessem controlar a sua emissão.

O objetivo do recurso interposto pelo Sindicato das Empresas de Rádio e Televisão do Estado de São Paulo (Sertesp), apoiado pelo Ministério Público Federal e aceito com tanto agrado pelo ministro Gilmar Mendes, do STF, não era o da extinção da profissão de jornalista do ponto de vista trabalhista. Essa é uma batalha perdida há bastante tempo, a partir do momento em que o profissional de imprensa deixou de ser pessoa física (PF), cidadão, para se tornar pessoa jurídica (PJ), e, como tal, sendo cerceado em sua individualidade. Hoje, raros são os jornalistas contratados pela CLT. Esse regime acabou há pelo menos uma década, sem que os prejudicados tenham esboçado nenhuma resistência.

Também não é sério o pretexto de universalizar o acesso aos meios de comunicação social. Esse acesso está mais restrito do que nunca. A homogeneização das redações brasileiras é escandalosa, a diversidade é mínima, apenas cosmética. O jornalismo brasileiro, neste momento, é mais monolítico, ortodoxo e conceitualmente mais trancado do que o *Pravda* nos tempos do stalinismo.

Na verdade, o objetivo da "indústria do jornalismo" e suas entidades corporativas era liquidar a consciência profissional. A ética e a deontologia fazem parte dessa consciência, mas nela se incluem outros elementos da esfera moral.

Jornalismo é compromisso com o interesse público, portanto missão. Isso foi proclamado de forma inequívoca na primeira linha do primeiro texto jornalístico que circulou no Brasil, a partir de junho de 1808, jamais revogado apesar do embargo imposto ao seu autor, Hipólito da Costa.

Sem consciência profissional é impossível derrubar um ícone do feudalismo como José Sarney. Sua rede de amizades e a massa de favores que distribuiu ao longo das últimas décadas em todos os poderes e em todos os níveis só poderão ser neutralizadas por jornalistas profissionalmente conscientes. Para desencavar um novo escândalo envolvendo nosso legislador-mor não bastam as técnicas investigativas. Antes e acima delas, é indispensável o compromisso com a construção de uma sociedade honrada.

A consciência profissional começa a ser fomentada na sala de aula das escolas de jornalismo. Por piores que sejam, por mais despreparados que sejam os professores, por mais desqualificada que seja a maioria dos grupos econômicos que tomaram conta do ensino superior (aliás, próximos dos grupos de mídia), um sopro de decência consegue atingir o alunado.

Tal decência, dignidade ou simples brio de alguma maneira vai colar-se na alma de alguns portadores do diploma de jornalista. Em que proporção é difícil precisar. Importa saber que esses privilegiados se encontrarão nas redações em situações-limite, em que fatalmente enfrentarão escolhas cruciais, sendo talvez forçados a experimentar o gosto agridoce da dignidade profissional.

Os flanelinhas (guardadores de automóveis) do Distrito Federal acabam de ser agraciados com a especificidade de sua ocupação, são profissionais (*Folha de S.Paulo*, 6/7, p. C-5). Em nome de uma falaciosa liberdade de expressão, os jornalistas podem ter fé, mas perderam a sua profissão.

· · · · · · · · · ·

Depois do extermínio, a reencarnação
(14/7/2009)

Liquidada pelo *lobby* das empresas de comunicação, há sinais de que, em breve, a Lei de Imprensa ressuscitará de alguma maneira ou deverá reencarnar-

-se em outro estatuto legal. Quem oferece esses sinais é o mesmo grupo exterminador que há dois meses, sem nenhuma preocupação com as consequências do vazio legal, decidiu sepultá-la.

Dois desses sinais foram emitidos há poucos dias, quase simultaneamente. Na sua edição do último fim de semana, (n. 2.121, de 15/7), *Veja* publicou um impactante anúncio de página dupla, na série comemorativa dos seus quarenta anos, com a proposta de uma nova Lei de Imprensa. No texto está dito que "[...] o fim da lei dos tempos da ditadura foi um avanço. É *recomendável* [grifo nosso] porém a criação de uma lei sucinta para delimitar o valor das ações de direito de resposta e de dano moral [...]".

Recomendável ou imprescindível?

Coincidentemente, no dia seguinte (segunda-feira, 13/7), a *Folha de S.Paulo* inseriu, na sua página 3, artigo do jurista Marcelo Nobre (representante da Câmara Federal no Conselho Nacional de Justiça), filho do inesquecível Freitas Nobre, que afirma taxativamente: "Há que encontrar uma regulamentação que permita a coexistência da imprensa livre e de um cidadão protegido em sua privacidade". Nobre acredita que "somente uma lei especial de informação pode garantir este direito".

Em outras palavras: a Lei de Imprensa está morta, viva a nova Lei de Imprensa.

Veja e *Folha* parecem excepcionalmente responsáveis. Irresponsável foi o *lobby* das empresas de mídia – do qual ambas fazem parte –, que iludiu a sociedade brasileira e pressionou indevidamente o Supremo Tribunal Federal para que banisse integralmente a lei 5.250, mais conhecida como Lei de Imprensa.

Antes de o STF curvar-se à falácia do "entulho autoritário", este *Observatório da Imprensa* alertava sobre os perigos de suprimir integralmente um estatuto legal sem examinar com a necessária prudência todas as consequências do ato. Juristas do gabarito de Miguel Reale Jr. e Manuel Alceu Ferreira manifestaram-se categoricamente contra a supressão total da Lei de Imprensa. Porém, a soma das arrogâncias midiática e jurídica não permitiu que fossem ouvidos.

O *lobby* da mídia preferiu silenciar, não lhe interessava moderar o radicalismo com algumas gotas de sensatez nem travar o seu rolo compressor. Agora, com inaudita desfaçatez e impudência, tenta apresentar-se como fator de equilíbrio. Evidentemente, não está preocupado com a sua credibilidade, representa uma indústria como outra qualquer, que, embora não fabrique salsichas, enlata qualquer trambique ideológico – por mais simplório que seja.

No entanto, ficou comprometida a imagem do STF como corte sábia e ponderada, capaz de colocar-se acima das pressões dos *lobbies*. Os magistrados da suprema instância adotaram uma decisão que de antemão sabiam ser precária.

Resta saber quando começará o reexame da Desastrosa Decisão Número Dois: aquela que acabou com a obrigatoriedade do diploma e a especificidade da atividade jornalística. Não faltam indícios de que essa revisão seguirá o mesmo figurino da anterior: mudará de nome e de aparência.

Nas duas últimas semanas foram regulamentadas duas profissões: a dos mototaxistas e, no Distrito Federal, a dos flanelinhas. Não foram paridas pelo STF, mas confrontam abertamente a tendência anunciada pelo presidente do Supremo, Gilmar Mendes, de que o mundo caminha para a desregulamentação profissional.

Sua Excelência deve ser um fanático da robótica, por isso confia na infinita capacidade do homem de criar máquinas capazes de substituir o homem. Nessa questão não difere muito dos empresários da comunicação que apostam suas poucas fichas no Twitter e nos celulares para substituir jornais, revistas e livros como meios de reproduzir os acontecimentos.

Como acontece nos Estados Unidos e na Europa, seremos levados a adotar uma obrigatoriedade *smart*, por meio da qual as empresas jornalísticas serão obrigadas a pagar altíssimos salários aos formados em jornalismo para evitar que a indústria jornalística seja aniquilada pela fragmentação, irresponsabilidade e incompetência.

Enquanto isso não acontece, o *lobby* da indústria jornalística certamente será forçado a reclamar uma especificidade institucional e, por extensão, uma condição especial para seus agentes. Não percebeu que, ao forçar o nivelamento da atividade jornalística às demais atividades, nivelava-se ela própria às demais indústrias, abdicando da pretensão de ser Quarto (Quinto ou Sexto) Poder.

Convém não esquecer que a democracia sul-americana está estabelecendo novos paradigmas para acomodar seu inato caudilhismo às exigências de um calendário eleitoral e à eventual alternância no poder. O primeiro a reclamar será o segmento do coronelismo midiático, incapaz de sobreviver sem manifestar-se e incapaz de manifestar-se sem o decidido suporte de jornalistas diplomados.

· · · · · · · · · ·

A HISTÓRIA JOGADA NO LIXO
(21/7/2009)

O Estado brasileiro judicializou-se, transferiu-se para os tribunais. A inoperância e a desqualificação do Legislativo, somadas ao caráter circunstancial e casuísta das ações do Executivo, levam o Judiciário a assumir uma série de atribuições indevidas.

Atrás dessa grave disfunção estrutural estão o velho mandonismo e a incapacidade dos agentes políticos de buscar algum tipo de consenso e conciliação. Preferem os impasses, logo encaminhados às diferentes instâncias judiciais, mesmo quando as divergências são de ordem conceitual, não envolvendo ilícitos ou ameaças.

O STF tem sido a instituição mais procurada para dirimir controvérsias, digamos, impertinentes porque a Constituição de 1988, apesar da fama progressista e cidadã, apresenta enormes lacunas e imprecisões. A pressa em promulgá-la permitiu a sobrevivência de estatutos produzidos durante o regime militar, designados aleatoriamente como "entulho autoritário".

Nem a Lei de Imprensa nem a discussão sobre a obrigatoriedade do diploma específico para o exercício de jornalismo deveriam ter sido encaminhadas à Suprema Corte. Foi um equívoco – ou leviandade – submetê-las à apreciação de um ministro-relator, e em seguida aos seus dez pares, nenhum deles disposto a e suficientemente preparado para mergulhar numa questão complexa e multifacetada.

Tanto o ministro-relator Gilmar Mendes como aqueles que o acompanharam na decisão não conseguiram convencer a sociedade de que haviam entendido a chamada Questão do Diploma de Jornalismo. Deixaram-se iludir pelos autores da representação. É incrível, mas é imperioso (e penoso) registrar que Suas Excelências, Meritíssimos e Meritíssimas, foram ingênuos. Em vez de convocar peritos, contentaram-se com constatações simplistas, produzidas pelo senso comum e por lugares-comuns.

As entidades patronais que direta ou indiretamente patrocinaram a causa fixaram-se na questão do certificado e menosprezaram o ponto crucial: a existência de uma profissão multissecular, na verdade bimilenar, reconhecida em todo o Ocidente.

Era mais fácil e mais conveniente eliminar a obrigatoriedade do certificado sob o pífio pretexto de universalizar o acesso à informação do que reconhecer que os precursores dos jornalistas contemporâneos foram os funcionários romanos chamados de *diurnarii* (daí *giornalisti* e *journalistes*). Também chamados de *actuarii*, porque se encarregavam de preparar as atas ou *Actae* informativas que circulavam na capital do Império a partir do século II a.C.

A profissão de jornalista, reconhecida e legalizada, começou com a produção das *Actae Diurnae* (Atas Diurnas), também conhecidas como Atas Públicas, Atas Urbanas ou ainda Diurnálias. Mas também circulava uma *Acta Populi* e, para comprovar que nada se cria, tudo se copia, havia até uma *Acta Senatus*, secreta, que certamente inspirou o senador José Sarney quando da produção de seus boletins confidenciais.

Os protojornalistas foram estudados pelo historiador-jornalista Carlos Rizzini em *O jornalismo antes da tipografia*[1]. Mais recentemente, o historiador português Jorge Pedro Sousa (veja nota 7, p. 21) ofereceu preciosas informações sobre uma atividade exercida há dois milênios, que o espirituoso presidente do STF, Gilmar Mendes, considera equivalente à dos mestres-cucas.

Na apresentação da 1ª edição do *Correio Braziliense* – datada de 1º de junho de 1808 –, o primeiro periódico a circular sem censura no Brasil e em Portugal, seu autor, o gaúcho Hipólito da Costa, escreveu uma profissão de fé sobre a nobre missão dos jornalistas, aos quais designa como *redactores* das folhas públicas.

Hipólito delineava de forma inequívoca uma função social e um ofício. Sua convocação dirigia-se primeiramente aos que vivem em sociedade e, em seguida, àqueles que deveriam servi-la. O patriarca do jornalismo estabelecia uma clara diferenciação entre o cidadão e aqueles que devem informá-lo. Não regulamentou a profissão, concedeu-lhe *status* especial. Distinguiu-a com a missão de levar a colônia a superar os 308 anos de trevas e silêncio e preparar a sua emancipação.

Dois séculos depois, a conjugação de um Estado capenga e uma corte desnorteada – ou mal informada – jogam nossa história no lixo.

O TAMANHO DO ESTRAGO
(30/7/2009)

A "aula" do ministro Marco Aurélio Mello – veiculada na edição televisiva do *Observatório da Imprensa* de 29/7 – sobre as duas recentes decisões do Supremo Tribunal Federal relacionadas com o exercício do jornalismo, entre outros méritos, mostrou o grau de manipulação do noticiário pela grande mídia.

No lugar de tornar o processo jornalístico mais claro, mais compreensível e mais eficaz, as duas decisões – fim da Lei de Imprensa e da obrigatoriedade do diploma de jornalismo para o exercício da profissão – estabeleceram uma tremenda confusão. A pretexto de restabelecer a normalidade democrática, foram criados dois vácuos legais, rigorosamente injustificados, com enorme prejuízo para a magistratura – que fica sem referências para a tomada de decisões – e, principalmente, para a sociedade – empurrada a um perigoso ceticismo no tocante à racionalidade da nossa Suprema Corte.

1. São Paulo: Companhia Editora Nacional, 1968, p. 4-10.

Se os juízes iludiram-se, o problema é de Suas Excelências, mas se à cidadania não foram oferecidas as informações necessárias para avaliar a exata dimensão do que foi decidido pelo egrégio colegiado, a falha é da imprensa – que, assim, abdica do seu papel institucional e desabilita-se como guardiã do interesse público.

Acontece que a imprensa (hoje chamada de indústria jornalística) era parte interessada nos dois casos. Não apareceu formalmente na proposta de extinção da Lei de Imprensa, mas estimulou, criou o clima, deu total cobertura ao autor da ação, o deputado Miro Teixeira (PDT-RJ).

No caso do fim da obrigatoriedade do diploma para o exercício do jornalismo, a indústria jornalística foi partícipe, atuou direta e ostensivamente por intermédio de uma de suas entidades corporativas (o Sindicato das Empresas de Rádio e Televisão do Estado de São Paulo, Sertesp). Agora, quando começa a ficar visível o tamanho do estrago produzido pela afoiteza da maioria dos ministros do STF, as empresas de comunicação engavetam todo tipo de reflexão sobre o ocorrido. Aquele resultado de oito votos contra um é irreversível – ninguém discute –, mas além do placar conviria rever os principais lances daquela desgraçada partida.

O voto do relator da matéria, ministro Gilmar Mendes, atual presidente do STF, deveria ser exposto, traduzido e discutido em detalhe. Uma imprensa evoluída e qualificada não admitiria que esse lance histórico permanecesse envolto em suspeitas e dúvidas.

O Meritíssimo partiu de uma premissa errada ao endossar a tese de que a exigência do diploma para o exercício do jornalismo constitui um entrave à liberdade de expressão. Entusiasmado com a sua cruzada libertária, acabou com a profissão de jornalista no Brasil. Passou ao largo de diversos estatutos que sequer foram mencionados e apagou um pedaço da história política do país. Na realidade, fez tabelinha com a grande imprensa, que em 2008 decretou a inexistência da história do jornalismo brasileiro. Agora, somos meros mestres-cucas: quando nos for exigida uma qualificação profissional, basta escrever "sem ofício conhecido".

O enorme saber jurídico do relator-presidente do STF não o animou a estudar os antecedentes históricos do caso que o Estado colocara em suas mãos: ignorou que no Senado romano já existiam jornalistas, ignorou a designação de "redatores das folhas públicas" consignada por Hipólito da Costa em junho de 1808 e, como grande apreciador da cultura alemã, ignorou que em Leipzig, 1690, um teólogo de nome Tobias Peucer apresentou uma tese de doutoramento comprovando a sua especificidade e suas diferenças com relação a outros gêneros narrativos. Segundo Peucer, a publicação de notícias (*novellae*) tem uma técnica e uma ética próprias.

Antes de determinar a extinção da profissão de jornalista, confundindo-a simplisticamente com a questão do diploma, o ministro Gilmar Mendes deveria ter estudado o assunto com mais cuidado e profundidade. Para inteirar-se a respeito de Peucer, bastaria mandar comprar o recém-publicado *Ética, jornalismo e nova mídia*, de autoria do jornalista, crítico e professor Caio Túlio Costa[2], de onde essas informações foram extraídas.

De nada adianta aquela formidável exibição de malabarismo jurídico nas 91 páginas do seu parecer se o ministro Mendes não conseguiu compreender duas questões comezinhas e cruciais:

1. O fim da obrigatoriedade do diploma de jornalista para o exercício profissional é apenas um aspecto da questão. A especificidade da profissão de jornalista é outra. O ministro Gilmar Mendes sabe que as grandes empresas jornalísticas mantêm há décadas cursos de aperfeiçoamento para formandos de jornalismo. Viu neles apenas uma prova da deficiência acadêmica, não conseguiu enxergar nesse mesmo fato a demonstração cabal de que a própria indústria reconhece a especificidade do conhecimento para o exercício do jornalismo.

2. Ao aceitar a ação proposta pelo Ministério Público Federal e o Sertesp, o ministro Mendes caiu na armadilha armada pelo seu vasto arsenal de conhecimentos. No final da argumentação [o formato da íntegra fornecida pelo STF não permite a numeração das páginas], faz pesada carga contra as empresas de comunicação: "No Estado democrático de Direito, a proteção da liberdade de imprensa também leva em conta a proteção contra a própria imprensa".

Ora, se a imprensa está envolta em suspeições, por que razão Sua Excelência endossa as teses de uma corporação empresarial ainda mais suspeita?

Como a sua fonte é portuguesa[3], o ministro Mendes designa acertadamente *a mídia* como *os media*, e lança as seguintes acusações contra o *establishment* jornalístico:

- "[...] hoje não são tanto os *media* que têm de defender a sua posição contra o Estado, mas, inversamente, é o Estado que tem de acautelar-se para não ser cercado, isto é, manipulado pelos media [...]."

---

2. Rio de Janeiro: Zahar, 2009, p. 41-6.
3. Manuel da Costa Andrade, *Liberdade de imprensa e inviolabilidade pessoal: uma perspectiva jurídico-criminal*. Coimbra: Coimbra Editora, 1996, p. 63.

- "[...] os meios de comunicação de massa já não são expressão da liberdade e autonomia individual dos cidadãos, antes relevam os interesses comerciais ou ideológicos de grandes organizações empresariais, institucionais ou de grupos de interesse."
- "[...] o exercício da atividade jornalística está invariavelmente associado à mobilização de recursos e investimentos de peso considerável. O que, se por um lado resulta em ganhos indisfarçáveis de poder, redunda ao mesmo tempo na submissão a uma lógica orientada para valores de racionalidade econômica."

Como explicar tamanha contradição? Como conciliar esse arrasador ataque aos grandes grupos de comunicação com o generoso acolhimento dos argumentos propostos por um sindicato de empresas do ramo beneficiadas por concessões públicas e notoriamente desatentas aos seus compromissos sociais?

Esquizofrenia ideológica, exercício de retórica jurídica ou a certeza de que esse relatório jamais seria publicado na íntegra em veículos de grande tiragem? Qualquer que seja a explicação – certamente haverá outras menos drásticas –, flagrou-se a precariedade do processo decisório vigente nesta República.

O fim da exigência do diploma era uma fixação do empresariado jornalístico, obsessão alimentada pela má consciência do patronato durante os 21 anos de regime militar. Em 1985, em vez da purgação saneadora, a exacerbação dos piores instintos acaba por extinguir a própria profissão de jornalista.

A *indústria* e os *industriais* do jornalismo finalmente desfizeram-se dos *industriários*. Com o Twitter, são perfeitamente dispensáveis. Como diz José Saramago, com o Twitter nos encaminhamos decisivamente para o grunhido. E o STF oferece o suporte legal.

Para celebrar é preciso contar a verdade (18/8/2009)

A Associação Nacional de Jornais (ANJ) comemorou na segunda-feira (17/8) o seu trigésimo aniversário. Jornalões e jornaizinhos abriram os seus champanhes e espumantes numa festa nacional, já que a entidade congrega 140 veículos, responsáveis por cerca de 90% da circulação dos diários editados no país (dados fornecidos pela presidente da associação, Judith Brito, em *O Globo* de 17/8).

Há sindicatos patronais mais antigos e até economicamente mais poderosos. Poucos, porém, conseguem obter a visibilidade da ANJ. Por óbvias razões: além da função legítima de *lobby* empresarial, a entidade funciona como um gigantesco *pool* em que o compartilhamento ocorre num nível acima do mero intercâmbio de informações jornalísticas.

A ANJ é um fascinante caso de estudo na esfera da ciência política, mas poucos acadêmicos se aventurariam a cometer um haraquiri profissional e condenar-se a um prematuro ostracismo. O livro *A força dos jornais: os 30 anos da Associação Nacional de Jornais no processo de redemocratização brasileiro*, de autoria da presidente da entidade em parceria com Ricardo Pedreira, ainda não está disponível nas livrarias, nem foi enviado às colunas e aos órgãos especializados. Não apenas este Observador, mas certamente uma legião de cidadãos também teria o maior interesse em examinar a trajetória dessa instituição.

Por ora, somos obrigados a nos contentar com a mais completa matéria sobre a efeméride publicada no *Estado de S. Paulo* (domingo, 16/8, p. A-10) e o material dado na *Folha de S.Paulo* (terça-feira, 18/8). A reportagem do *Estadão* merece calorosa saudação porque a cronologia da imprensa brasileira começa com os registros referentes ao precursor do nosso jornalismo – o *Correio Braziliense* – e ao patriarca da nossa imprensa, Hipólito da Costa. Como sabem os leitores, espectadores e ouvintes dos *Observatórios da Imprensa*, estes comezinhos registros deveriam ter sido consignados há mais de um ano (maio-setembro de 2008), quando foram comemorados os 200 anos da fundação da imprensa brasileira. Aliás, não houve comemoração. A efeméride foi rigorosamente banida e ignorada pela ANJ.

A reabilitação do maçom Hipólito da Costa e do mensário que solitariamente editou ao longo de catorze anos no exílio londrino é o maior presente que a ANJ ofereceu à sociedade brasileira no seu natalício. Soa como uma reconciliação dos nossos jornais com a história do país. Tardia, porém certamente definitiva.

Os louvores ficam por aí. No que tange à própria crônica da ANJ, os erros são gritantes. O principal deles: a ANJ não foi criada em 17 de agosto de 1979 para defender a liberdade de imprensa, como informa o título da matéria do *Estadão*. A associação foi criada como reação direta à greve dos jornalistas de São Paulo, definida pouco antes (17/5/1979), efetivada dias depois (23/5) e, finalmente, encerrada após um rotundo fracasso (29/5). Quem reconheceu esse fracasso, com a autoridade de um dos mais bem-sucedidos líderes sindicais brasileiros, foi o ex-metalúrgico e já então presidente da República Luiz Inácio Lula da Silva.

A reação dos empresários foi natural e legítima dentro da jurássica lógica da luta de classes. Ilegítima porque inverídica é essa versão tardia e mal costurada de que as negociações para a criação da ANJ começaram um ano antes do seu estabelecimento.

O patronato jornalístico do Rio e de São Paulo jamais conseguiu materializar uma entidade. O Sindicato das Empresas Proprietárias de Jornais do Rio de Janeiro era uma ficção. Seu habilidoso presidente, Antônio de Pádua Chagas Freitas, responsável pela transformação de *O Dia* em uma grande empresa jornalística, deputado pelo antigo MDB (e padrinho do atual deputado Miro Teixeira), era informalmente presidente vitalício porque só ele conseguia comunicar-se simultaneamente com os arquirrivais Manoel Francisco do Nascimento Brito (*Jornal do Brasil*) e Roberto Marinho (*O Globo*).

Em São Paulo, não havia comunicação direta entre os principais acionistas dos ferrenhos concorrentes *Folha* e *Estado*. Os Mesquita não falavam com Octavio Frias de Oliveira; o contato entre as duas empresas dava-se por intermédio do relacionamento do sócio minoritário Carlos Caldeira Filho com o superintendente do Grupo Estado, José Maria Homem de Montes.

Apesar de fracassada, a greve dos jornalistas assustou o empresariado. Bem-intencionada, a reportagem do *Estadão* atribui ao jovem jornalista Cláudio Chagas Freitas a ideia de reunir as empresas na mesma mesa ou debaixo do mesmo teto. O filho de Chagas Freitas era um jornalista dinâmico, entusiasmado, mas as suas preocupações concentravam-se principalmente no âmbito do jornalismo esportivo.

É justo que a ANJ queira homenagear o pai, o ex-deputado Chagas Freitas (mentor espiritual da ANJ), mas não deveria fazê-lo à custa da verdade histórica. Sobretudo porque Chagas Freitas *senior*, arrasado com a prematura morte do filho, acabou entregando sua próspera empresa a Ary de Carvalho numa exótica operação, anos depois legitimada pela ANJ.

A criação da ANJ foi uma saída extremamente inteligente em matéria corporativa, e permitiu a entrada em cena da segunda geração de empresários (no caso do *Estadão*, a quarta). Os herdeiros das grandes empresas jornalísticas não se conheciam e souberam superar as idiossincrasias que confrontaram os seus pais. Discutível é o uso que mais tarde fizeram dessa aproximação.

A ANJ foi criada para evitar novas greves de jornalistas, essa é a verdade. Suas primeiras ações não visavam à preservação da liberdade de expressão, que naquela época era uma remota aspiração. Sua iniciativa política mais consistente e estridente foi o início da cruzada contra a obrigatoriedade do diploma específico, em 1985, depois da eleição de Tancredo Neves e do seu vice, José Sarney, quando se evidenciou a necessidade de uma nova Constituição.

O festejo empresarial é justo e deveria ser compartilhado por todos os segmentos da atividade jornalística. Já houve tempo em que a Federação Nacional de Jornalistas (Fenaj), então presidida por Américo Antunes, e a ANJ, presidida por Jaime Sirotsky, participaram de eventos comuns, sem nenhum constrangimento, defendendo com dignidade posições opostas.

Em 1992, em Brasília, ANJ e Fenaj organizaram um seminário denominado "O papel do jornal" (título deste livro). Dois anos depois, as duas entidades voltaram a encontrar-se em outro evento, o seminário fundador do Laboratório de Estudos Avançados em Jornalismo (Labjor), presidido pelo então reitor da Unicamp, Carlos Vogt, denominado "A imprensa em questão" (no Labjor incubou-se mais tarde o projeto do *Observatório da Imprensa*). Além dessas, houve outras situações de convivência civilizada e profícua.

Tal convivência hoje é uma quimera. O "aprimoramento da indústria jornalística" levou a ANJ a assumir posições extremas. A entidade não patrocinou a brutal ação, levada ao STF, que resultou na extinção da obrigatoriedade do diploma para o exercício do jornalismo e, na prática, liquidou no Brasil a milenar profissão de jornalista. Preferiu delegar o trabalhinho sujo a um sindicato patronal sem veleidades políticas, porém capitalizou a esmagadora vitória da argumentação – no mínimo apressada, diga-se – feita pelo ministro-relator, Gilmar Mendes.

Na matéria sobre a ANJ publicada no *Estadão*, a extinção da Lei de Imprensa é considerada um triunfo da ANJ. Mas uma parte substancial dos seus associados está incomodada com o vazio legal resultante do fim deste estatuto. A questão do diploma não foi incluída no rol de vitórias da ANJ. A festejada entidade preferiu não assumir o tresloucado ato. Bom sinal.

Sinal mais auspicioso, porém, seria adotar plenamente o compromisso jornalístico de contar a verdade. Depois disso, tudo é possível.

A tela reproduzida na contracapa deste livro é uma pintura a óleo de autor desconhecido, única imagem em que aparece o Correio Braziliense *com a sua sobrecapa azul. No peito de Hipólito da Costa o esquadro, um dos símbolos da maçonaria, que representa imparcialidade, precisão de caráter e moralidade. Pintada entre 1808 e 1820, pertenceu ao protetor de Hipólito da Costa, o duque de Sussex, depois à viúva do jornalista, Mary Anne da Costa, e sucessivamente aos seus descendentes até a trineta, Rosemary Claire Porter, que a doou ao governo brasileiro em janeiro de 1958. Acervo do Palácio do Itamaraty, Brasília (reprodução de Rômulo Fialdini,* Museus Brasileiros, *Fundação Safra, volume 12, 1993).*